동대문
네팔 타운의
희.로.애.락.

마이너리티
리포트★04

동대문 네팔 타운의 희.로.애.락.

육성철 지음

서울연구원
The Seoul Institute

책머리에

10년 전 노르웨이 오슬로의 유스호스텔에 묵었을 때의 일이다. 인터넷으로 미리 숙소에 예약을 했는데도 프런트 직원은 방이 없다고 했다. 심야에 다른 곳을 알아볼 수도 없어서 인터넷으로 출력한 계약서를 내밀자, 그는 "며칠 전 중국인들이 다녀간 뒤 침구에 위생 문제가 생겼다"며 주변 호텔을 안내했다. 동양인에 대한 명백한 인종차별이었다.

그날 밤 내 옆에는 이라크 출신 유학생이 투숙했다. 우리는 침대 사이에 의자를 놓고 이라크 전쟁을 주제로 술잔을 기울였는데, 그는 한국 국가인권위원회가 전쟁 반대 의견을 밝힌 사실까지 알고 있었다. 우리가 잠시 눈을 붙인 사이 노르웨이 경찰 2명이 들이닥쳐 이라크 유학생을 검문하면서 한바탕 소란이 벌어졌다. 그는 여권을 제시하며 항의했으나 결국 짐을 챙겨 경찰의 뒤를 따라갔다. 내 눈에는 그 또한 국적에 따른 차별로 보였다.

다음 날 오슬로대학에서 박노자 교수와 나눴던 대화가 기억난다. 북유럽이 겉으로 인권 수준이 높은 듯하지만 일상생활에서의 차별 행위는 심각한 수준이라고 했다. 박 교수도 자녀가 다니는 유치원을 드나들 때마다 교사와 학부모 눈치를 본다고 했다. '역지사지易地思之'라고나 할까. 내가 피해자 위치에 서고 나서야 한국 사회에서 혹독한 차별을 받고 살아가는 제3세계 이주민의 민낯이 훤히 보이는 듯했다.

고백하자면 '마이너리티 리포트'를 써보라는 제안은 솔깃했다. 국가인권위원회에서 15년간 일하면서 언제고 소수자의 일상을 취재하고 싶은 욕심이 있었던 탓이다. 그러나 나의 주된 관심은 공권력 남용이나 인권침해 현장이었다. 기획안 마감이 임박해서야 동대문 네팔 공동체가 내 눈에 들어온 이유다. 좋아하는 후배이자 존경하는 연구자인 서선영이 아니었다면 나는 이 작업의 첫 걸음조차 떼지 못했을 것이다.

앤서니 드워킨Anthony Dworkin과 로자린 드워킨Rosalind Dworkin에 따르면 소수자의 조건은 네 가지다. 식별 가능성, 권력의 열세, 차별적 대우, 주관적 의식이 바로 그 조건이다. 동대문 거리를 오가는 네팔 이주민들이 이에 해당하는지를 확인하는 데는 그리 긴 시간이 걸리지 않았다. 취재를 시작할 무렵이 때마침 추석 연휴여서 네팔 공동체의 생생한 현장을 지켜볼 수 있었다.

서울에는 이주 노동자를 지원하는 기관이 수두룩하다. 그러나 이주민을 세심하게 챙기는 동네 사랑방은 드물다. 동대문 네팔 타운을 중심에 놓고 창신동, 종로구, 서울시 등에서 행하는 각종 프로그램을 살폈으나 직접 네팔인들을 접촉하는 담당자는 드물었다. 안타까운 일이지만 외국인 포털 속에 네팔인들이 단지 숫자로 나타날 뿐이다. 물론 이는 네팔에만 국한한 문제가 아니다. 총론을 겨우 갖추었으되 각론이 부재한 것이 오늘날의 현실이다.

2017년 10월 기준 서울 서남권 글로벌센터의 네팔 국적 외국인 상담 통계를 보면 노무와 출입국 관련 내용이 76.4퍼센트에 달한다. 비슷한 기능을 수행하는 서울 글로벌센터의 경우도 2개 항목이 67.3퍼센트로 절대 다수다. 드러난 수치처럼 노무와 출입국 관련 문제가 압도적으로 많지만 이에 대해 해당 기관이 현장에서 적절한 조치를 취하기는 어려운 조건이다.

2008년부터 이주민 생활 지원 업무에 종사했던 김동훈 서남권 글로벌센터장은 행정 서비스의 한계를 지적한다. 그저 겉으로만 듣고 다녀서는 이주민 커뮤니티의 내부 사정을 이해할 수 없다는 얘기다. 그에 따르면 서울 지역 이주민 커뮤니티는 최근 들어 심리적 불안 상태가 위험 수위에 달했다. 대표적인 예가 자살 사건 급증이다.

주한 네팔 대사관 자료에 의하면 최근 10년간 한국에서 자살한 네팔인은 36명인데, 그중 21명이 최근 3년 사이에 자살한 이들이다. 산업재해 피해자도 10년간 21명인데, 그중 15명이 최근 3년 사이에 신고된 피해자들이다. 모두 3년 사이 가파르게 늘었다.

네팔 공동체 관계자들은 대사관이 미처 파악하지 못한 자살자와 산재 사건이 더 있다고 주장한다. 사태가 이미 심각한 수준임에도 이주민 자살이나 산재에 관한 변변한 보고서 하나 나오지 않고 있는 실정이다.

국적을 불문하고 자살 증가는 정신 건강 상태와 상당한 연관이 있다. 근로관계의 불평등이나 열악한 작업 공간에서 비롯된 우울증과 스트레스가 스스로 목숨을 끊는 비극으로 이어진다는 분석이 자주 등장한다. 외국인의 경우 정신적 이상이 생겨도 적절한 심리 치료를 받기 힘들다는 점에서 심각성이 더하다. 그 나라 언어를 모르는 상태에서 그 나라 피해자의 심리를 이해하기란 참으로 난망한 노릇이다.

2017년 8월, 충북 충주의 베어링 공장에서 일하던 20대 네팔 이주 노동자가 공장 기숙사 옥상에서 숨진 채 발견됐다. 그가 죽기 전날 작성한 유서는 사실상 '구속자'처럼 살아가는 이주 노동자의 막막한 현실을 잘 보여 준다.

"안녕하세요, 여러분! 저는 오늘 세상과 작별 인사를 합니다. 제가 세상을 뜨는 이유는 건강 문제와 잠이 오지 않아서, 지난 시간 동안 치료를 받아도 나아지지 않고, 시간을 보내기 너무 힘들어서 이 세상을 떠나기 위해 허락을 받았습니다. 회사에서도 스트레스를 받았고, 다른 공장에 가고 싶어도 안 되고, 네팔 가서 치료를 받고 싶어도 안 됐습니다. 제 계좌에 320만 원이 있습니다. 이 돈은 제 아내와 여동생에게 주시기 바랍니다."

그러나 스물일곱 살 청년을 극단적 선택으로 몰고 간 고용허가제에 대해 한국 헌법재판소는 2011년 합헌 판결을 내렸다.*

증언과 자료를 종합하면 동대문 창신동 거리에 네팔인들이 모여들기 시작한 것은 2000년대 초반이다. 나는 그 무렵 창신동에서 4년을 살았는데 이주 노동자의 등장을 미처 눈여겨보지 못했다. 밀레니엄과 월드컵 4강의 열풍 속에서 그들은 하나둘씩 봉제 공장과 쪽방에 거처를 만들고 있었을 것이다. 마이너리티 리포트를 쓰면서 주말마다 창신동 골목을 다시 걷다 보니 예전엔 보이지 않았던 것들이 새로운 얼굴로 다가왔다. 나는 그 느낌이 사라질까 두려워 되도록 빨리 글로 옮겼다.

이 글은 여러 사람에게 빚을 지고 세상으로 나간다. 나는 불과 몇 개월의 다리품으로 이주민들의 회한과 눈물을 온전히 담을 수 없다는 사실을 인정하고 이 작업을 시작했다. 그러므로 나는 이 글이 어느 이주민에게는 희망이겠으나 또 다른 이에게는 멍에임을 실토할 수밖에 없다. 그 멍에가 너무도 무거워 꼭 담고 싶었던 스토리를 통채로 드러내는 아픔도 감수했다.

---

* 고용허가제는 산업연수생제를 대신하여 합법적인 외국인 노동자 고용을 위해 2004년 8월에 마련된 제도이다. 고용주가 필요한 외국인 인력을 신청하면 정부가 취업비자를 받아 입국하는 외국인을 연결해 준다. 고용허가제로 입국한 이주 노동자는 3년간 회사를 최대 3번 옮길 수 있지만 이직하려면 사업주의 허가를 받거나 폐업, 임금 체납 등의 문제가 있어야 한다. 이 점을 악용해 이주 노동자에게 강제 노동, 퇴직금 미지급, 차별 등 착취를 일삼는 사업장도 있다. 이 같은 이유로 유엔 인종차별 철폐위원회는 한국 정부에 고용허가제를 개정하라고 권고하기도 했다. 그러나 2011년 헌법재판소는 '고용허가제가 헌법이 보장한 직업 선택의 자유를 침해한다'는 헌법소원에 대해 합헌 결정을 내렸다. 여전히 불법체류 방지를 위해 고용허가제를 찬성하는 입장과 현대판 노예제와 다름없기 때문에 폐지해야 한다는 반대 입장이 맞서고 있는 실정이다.

마이너리티 리포트에 참여할 기회를 준 김수현 전 서울연구원 원장, 원고 방향을 함께 고민한 문경란 인권정책연구소 이사장, 서울연구원 이혜림, 전말숙, 송도숙 님, 촛불 혁명이 타오르던 그해 겨울 토요일마다 창신동에서 함께 작업을 진행한 사진가 조우혜 님과 미학 연구자 이지은 님, 이 글의 정책 대안으로 제시된 '포용도시'의 이론적 틀을 일러 준 김종익 서울도시재생센터장 등에게 특별한 감사의 마음을 전한다.

장마전선이 잠시 물러난 무술년 여름

육성철

차례

네팔 들여다보기

◈—— 중국과 인도 사이인 히말라야 산맥 중앙부의 남쪽 지역 절반을 차지하고 있는 네팔은 에베레스트, 안나푸르나, 다울라기리, 마나슬루 등 세계에서 가장 높은 봉우리 8개가 분포해 있는 산악 국가이다. 1960년대에 네팔 정부가 히말라야 트레킹을 관광 상품으로 내놓으면서 지금까지도 많은 여행자들이 네팔을 찾고 있다.

◈—— 카트만두 분지를 중심으로 4세기에 리차비 왕조가 들어서고, 15–18세기 후반에 말라 왕조가 번영을 누렸다. 18세기 후반에는 구르카 왕조가 강대해지면서 오늘날 네팔 영토를 확보하였으나 1814년에 일어난 동인도 회사와의 구르카 전쟁에 패하여 히말라야 남쪽 기슭으로 영토가 줄기도 했다. 이후 1846년에 라나 가문이 국정을 장악하여 네팔은 약 100년 동안 쇄국 시대를 겪어야 했고, 1950년에 다시 왕정이 회복되었다. 1972년 새 왕국이 즉위한 이후부터 지식층과 학생의 불만이 고조되었고, 1990년대 중반 공산당과 반군을 중심으로 공화국으로 가기 위한 투쟁이 시작되었다. 오랜 갈등 끝에 2007년에 왕정이 종식되고 2008년 공화제(네팔연방공화국)가 되었다.

◈—— 네팔은 북쪽으로 중국의 서장 자치구(티베트)와 접해 있고, 나머지 동·서·남쪽은 인도에 둘러싸여 있어 바다가 없는 내륙 국가이다. 국토 총면적은 남한의 1.5배, 한반도의 3분의 2이다.

◈—— 인도와 중국 사이에 위치한 지리적 여건 때문에 아리안족의 카스트 문화와 힌두 문화 그리고 티베트의 불교 문화, 중국의 유교 문화 등 여러 문화가 혼합된 다민족 문화가 형성되어 있다.

◈—— 네팔은 여러 인종으로 구성된 다민족 국가이다. 민족 구성을 보자면, 힌두 문화를 지닌 아리안족(80퍼센트)과 여전히 고유문화를 간직한 티베트·몽골족(17퍼센트), 기타 소수민족(3퍼센트)으로 구성되어 있다.

◈—— 네팔어를 공용어로 사용하며, 그 밖에 10여 개의 소수 부족어가 있다.

◈—— 네팔 국민의 대부분은 힌두교를 믿는다. 네팔에서 힌두교와 이를 뒷받침하는 카스트 제도를 법적으로 강제한 인물은 라나 가문의 창시자인 J. B. 라나라고 한다. 물론 1963년 카스트 제도를 폐지하는 법령을 제정했지만 '신분'이 우선시되는 카스트 의식은 여전히 존재하고 있다.

◈—— 네팔 국민의 대다수가 농업에 종사하며 제조업 기반이 열악하고, 사회 전반적인 발전 수준이 낮은 나라 가운데 하나이다.

1장

프롤로그

안녕하세요?

Na-ma-ste

(나마스테)

추석과 더사인,
오묘한 동거

2016년 9월 15일 오후, 지하철 1호선 동대문역 3번 출구는 혼잡했다. 추석 명절이면 도심은 한산하기 마련이지만 동대문 거리는 반대였다. 한국 사람들이 고향을 찾아 떠난 자리에 네팔인들이 '그들만의 축제'를 즐기고 있었다. 한국인 사장이 공장 문을 닫으면 이주 노동자는 쉴 수밖에 없다. 모국으로 갈 수 없는 이방인은 '제2의 고향'에서 향수를 달랬다.

한국에 추석이 있다면 네팔엔 '더사인Dasain'이 있다. 시기도 한국의 추석과 엇비슷해 네팔인들은 추석 연휴 기간을 더사인으로 여긴다. 네팔 전설에 따르면 '두르가' 여신이 악령을 물리친 것을 기념하는 행사가 더사인이다. 네팔 현지에서는 더사인이 시작되면 전국적으로 수천 마리의 염소와 닭을 잡아 여신에게 제물로 바친다. 축제는 무려 15일간 지속된다.

동대문역 3번 출구에서 땀에 흠뻑 젖은 채로 휴대폰을 만지는 청년을 만났다. 한국에 온 지 3개월, 대구에서 친구를 만나러 왔다고 했다. 왜 그렇게 땀을 흘리냐고 물었더니 택시 기사 때문에 애를 먹었단다. 동대구역에서 기차를 타고 서울역에서 내려 택시를 탔는데, 택시 기사가 '동대문역'이 아니라 '독립문역' 3번 출구에 내려 주었단다. 청년의 발음은 어찌 들으면 동대문이 아니라 독립문처럼 들렸다. 청년은 독립문역 3번 출구에서 친구를 찾다가 뒤늦게 잘못 찾아온 것을 알고 서둘러 동대문역으로 왔다고 했다.

동대문역 3번 출구 계단에 올라서자 역내보다 더 많은 외국인이 보였다. 누군가를 기다리고 어딘가로 이동하는 행렬이었다. 인파를 헤집고 몇 걸음 걸어 나오자 포장마차가 눈길을 끌었다. 평소 그곳은 중국 동포가 옥수수와 호떡을 파는 자리였는데 그날은 다른 사람이 지키고 있었다. 1993년, 열아홉 살 때 한국에 들어와 23년을 살아온 네팔인 C였다. 그는 능숙한 솜씨로 네팔 만두 '모모'를 쪄냈다. 길가에 늘어선 네팔인들은 모모가 나오기 무섭게 5,000원을 내고 일회용 접시에 받아서 먹었다.

거리를 메운 네팔인들은 일행이 모두 도착하는 대로 식당으로 향했다. 그래서 15개에 달하는 네팔 식당은 대부분 만원이었다.

골목 안쪽에 자리 잡은 네팔 상점들은 의자와 탁자를 매장 밖에 펼쳤는데 그 주변에도 수십 명의 네팔인이 몰려 있었다. 무슨 얘기를 하는지 귀동냥을 해보니 하나같이 오후로 예정된 추석맞이 특별 공연에 대한 호기심이었다. 상점 외벽엔 3개의 공연 포스터가 걸려 있었다.

젊은 사람들의 관심은 강서구 등촌동 KBS스포츠월드(88체육관)에 있었다. 네팔에서 한창 인기 있는 가수와 코미디언이 출연할 예정이라고 했다. 입장료 2만 5,000원이 비싸지 않냐고 물었더니, 1년에 두 번뿐인 휴가 때만 볼 수 있는 공연이라고 답했다. 반면 나이 든 사람들은 종로구 연지동 한국교회 100주년 기념관에서 열리는 공연에 갈 예정이라고 했다. 공연은 3시부터인데 2시가 넘어도 출발하지 않는 이유가 궁금해 물었더니 네팔인들은 '빨리빨리'를 싫어한다고 누군가가 말해 줬다. 사람들이 도착해야만 공연이 시작된다는 얘기도 들렸다.

네팔 사람들이 한국에 처음 왔을 때인 1990년대 초반에는 주로 동국대학교나 조계사에서 문화 행사가 열렸다고 한다. 네팔인 중에서 불교를 믿는 사람들이 가교 역할을 했다. 그러나 네팔 노동자 수가 늘어나고 힌두교나 이슬람교를 믿는 사람들이 많아지면서 행사 장소는 구청, 강당, 공연장 등으로 다양해졌다. KBS 스포츠월드처럼 큰 무대를 빌린 건 이번이 처음이다.

대학로 입구에 위치한 한국교회 100주년 기념관은 입구부터 북적거렸다. 최대 500명 이상 들어갈 수 있는 공간이지만 300명

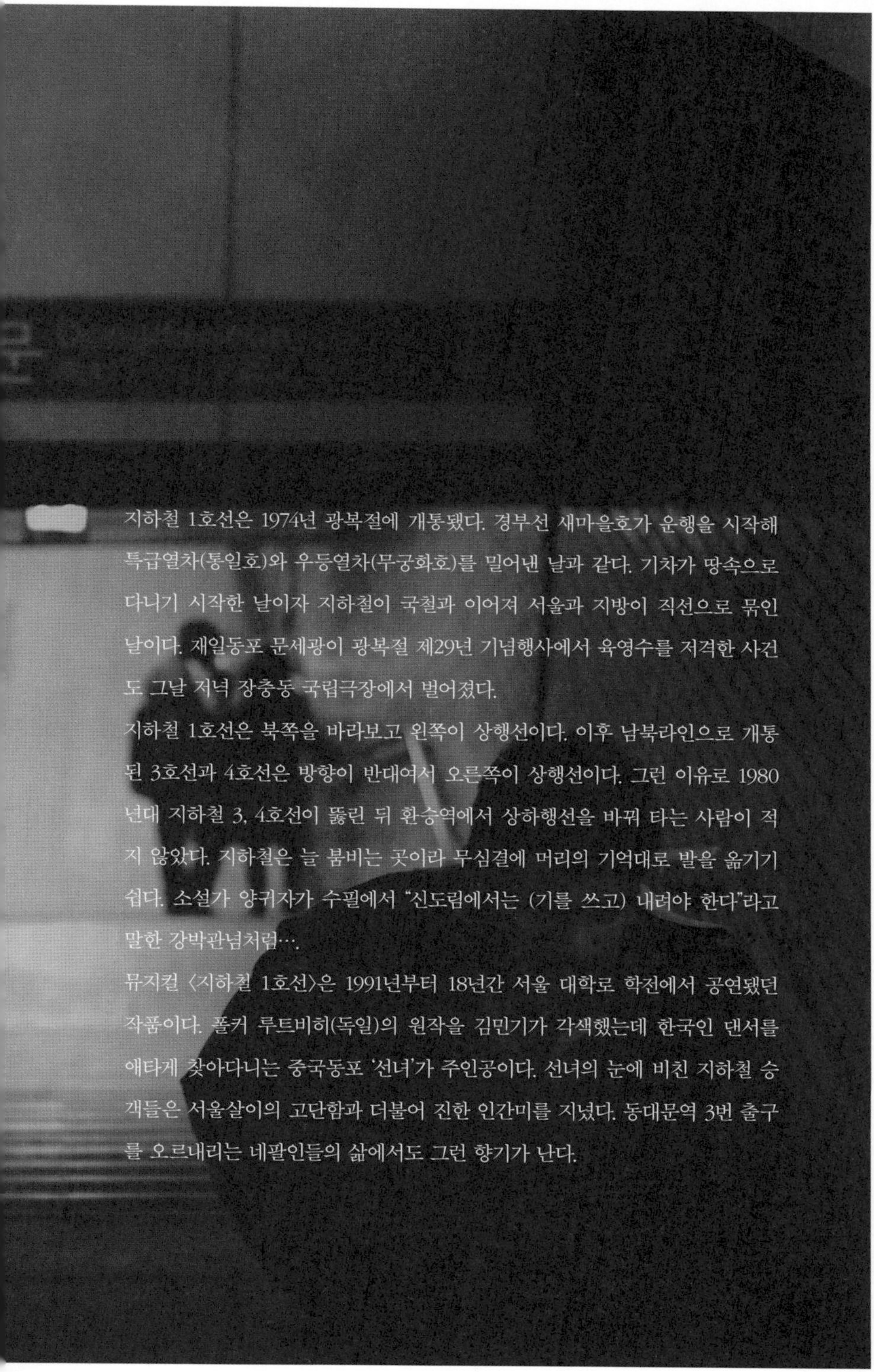

지하철 1호선은 1974년 광복절에 개통됐다. 경부선 새마을호가 운행을 시작해 특급열차(통일호)와 우등열차(무궁화호)를 밀어낸 날과 같다. 기차가 땅속으로 다니기 시작한 날이자 지하철이 국철과 이어져 서울과 지방이 직선으로 묶인 날이다. 재일동포 문세광이 광복절 제29년 기념행사에서 육영수를 저격한 사건도 그날 저녁 장충동 국립극장에서 벌어졌다.

지하철 1호선은 북쪽을 바라보고 왼쪽이 상행선이다. 이후 남북라인으로 개통된 3호선과 4호선은 방향이 반대여서 오른쪽이 상행선이다. 그런 이유로 1980년대 지하철 3, 4호선이 뚫린 뒤 환승역에서 상하행선을 바꿔 타는 사람이 적지 않았다. 지하철은 늘 붐비는 곳이라 무심결에 머리의 기억대로 발을 옮기기 쉽다. 소설가 양귀자가 수필에서 "신도림에서는 (기를 쓰고) 내려야 한다"라고 말한 강박관념처럼….

뮤지컬 〈지하철 1호선〉은 1991년부터 18년간 서울 대학로 학전에서 공연됐던 작품이다. 폴커 루트비히(독일)의 원작을 김민기가 각색했는데 한국인 댄서를 애타게 찾아다니는 중국동포 '선녀'가 주인공이다. 선녀의 눈에 비친 지하철 승객들은 서울살이의 고단함과 더불어 진한 인간미를 지녔다. 동대문역 3번 출구를 오르내리는 네팔인들의 삶에서도 그런 향기가 난다.

이 조금 넘은 상태였다. 주최 측은 KBS 스포츠월드로 청년들이 몰려서 자리가 많이 비었다며 아쉬워했다. 공연은 1970년대 한국에서 유행했던 극장 쇼와 유사했다. 사회자 소개로 가수가 등장해 노래를 부르고 춤을 추는 프로그램이었다. 중앙 무대는 드라이아이스와 불꽃 조명으로 줄곧 시선을 끌었다.

가수들은 유광 조끼를 입고 무대 안팎을 뛰어다니며 관객의 동참을 이끌었다. 관객들은 가수가 객석으로 가까이 다가올 때마다 휴대폰을 들고 촬영하면서 환호했다. 음악이 나오고 가수의 율동이 시작되자 관객들도 자리에서 일어나 소리를 질렀다. 인도와 중국 음악이 뒤섞인 듯한 네팔 리듬에 맞춰 청중들은 흥겹게 놀았다. 공연 중간중간 휴식 시간이 있을 때마다 일부 관객은 밖으로 나가 친구들을 만났고, 밖에서 놀던 사람들은 실내로 돌아와 빈자리를 채웠다.

밖에 모여 얘기하는 사람들에게 왜 공연을 보지 않느냐고 물었다. "공연보다 친구 만나러 왔다"는 대답이 꽤 여러 차례 있었다. 한 달에 150만 원 남짓 버는 노동자에게 입장료 2만 5,000원은 결코 싸지 않은 가격이다. 그러나 이런 이벤트가 아니었다면 전국에 흩어져 사는 친구들이 한자리에 모이기 어려웠을 것이므로 티켓 비용이 아깝지 않다고 했다. 더구나 공연 수익금의 일부는 어렵게 사는 네팔인에게 전해질 예정이어서, 이 자리에 나온 것만으로도 즐겁다는 말도 했다.

네팔 노동자에게 '공동체 의식'은 각별하다. 한국 사람들에게는 네팔 전체가 하나의 나라일 뿐이지만, 네팔을 자세히 살펴보면 60개 종족이 100개 가까운 언어를 쓰며 살아가는 다민족 국가다. 종교만 해도 힌두교, 불교, 이슬람교가 저마다 세력을 형성하고 있지만, 이제껏 네팔에서 심각한 종교 갈등이 벌어진 적은 없었다. 티베트 불교와 네팔 힌두교가 같은 사원에서 기도할 수 있는 곳이 바로 네팔의 수도 카트만두다.

20세기 말 네팔 노동자의 해외 이주는 복잡한 네팔의 국내 상황과도 밀접한 관련이 있다. 1990년대 공산 반군과 민병대의 전쟁으로 무려 1만 3,000명이 목숨을 잃었다. 2001년 6월엔 황태자 디드라가 왕족 전체를 총살하는 충격적인 사건도 벌어졌다. 10년 동안 총리가 9번이나 바뀌는 혼란의 시대를 겪으며 경제는 침체되고 일자리는 날이 갈수록 줄어들었다. 어쩌면 네팔인의 '디아스포라'는 숙명이었다.

2014년 3,000명 이상이 사망한 카트만두 대지진은 해외에 거주하는 네팔 이주민을 하나로 묶는 계기가 되었다. 수많은 네팔 공동체가 성금을 모아 네팔로 보냈고, 적지 않은 네팔 사람들이 직접 사고 현장으로 달려가 구호 활동을 벌였다. 그 시절 서울 동대문 성곽공원에서도 네팔인 수십 명이 모여 촛불 추모식을 열었다. 동대문 네팔 식당에서는 저녁마다 추모 행사가 진행되었다.

동대문 거리의 디아스포라

공연이 끝나자 네팔인들은 다시 동대문으로 향했다. 마치 그곳이 자신의 고향이라도 되는 것처럼 끝없이 몰려들었다. 동대문역 3번 출구는 이미 움직이기 어려울 만큼 꽉 들어찼다. 사람들은 하나둘씩 횡단보도를 건너 대한민국 보물 제1호인 흥인지문 앞 잔디밭으로 몰려들었다. 그들은 잔디 보호를 위해 출입이 금지된 공간에 모여 앉아 회포를 풀고 음료를 마셨다.

바로 그곳에서 3년 전 네팔인의 잔디밭 출입 문제로 한바탕 소동이 벌어졌다. 동대문에 살면서 이주 노동자 노동조합 위원장을 맡고 있는 우다야 씨(40세)는 그때 일을 '에피소드'로 기억한다.

"새카만 무언가가 몰려 있는 것 같아 이를 본 어떤 주민이 신고를 했고, 경찰이 와서 마이크로 나가라고 방송을 했대요. 그런데 네팔 사람들이 무슨 말인지 못 알아듣고 그냥 버티니까 소방차가 와서 물을 뿌려서 쫓아낸 거죠. 처음부터 의도적으로 물을 뿌려서 내보낸 건 아니었어요."

한국 최대 명절인 추석 연휴 기간이다 보니 동대문 상가의 상점들이 대부분 문을 닫았다. 남은 가게는 네팔 식당과 상점, 그리고 네팔인의 특수를 노린 일부 한국 식당 정도다. 이런 장소를 모두 합해도 수백 명 남짓 들어가면 포화 상태다. 그런데 추석 연휴에 동대문을 찾는 네팔인은 연인원 수천 명에 달한다. 거리와 골목, 잔디밭과 도로까지 네팔인이 들어찰 수밖에 없는 이유다. 명절 기간엔 동대문 주변 숙소도 일찌감치 동이 나서 종로나 청량리까지 나가야 방을 구할 수 있다.

동대문 거리에 어둠이 깔리기 시작했다. 귀화한 네팔인 나민경 씨(41세)가 운영하는 레스토랑 '뿌자'는 계단까지 대기 손님이 밀려 그곳에서 밥을 먹으려면 1시간 이상 기다려야 한다. 한국 식당도 비좁기는 마찬가지여서 오래 앉아 있기 미안할 지경이다. 평소 네팔인이 자주 찾는 식당에서는 주인이 추석 특수를 맞아 출입구 유리창에 네팔어로 '삼겹살, 뼈 해장국, 갈비'라는 안내판을 써서 붙였다. 그에게 사연을 묻자 "네팔 사람들에게 식당 메뉴를 알려 주고 싶었다"고 말했다. 그에 따르면 "수년 전부터 네팔인이 조금씩 줄어들고 있는데, 올해 갑자기 많아진 느낌"이라고 했다.

법무부와 주한 네팔 대사관 통계를 종합하면, 2017년 9월 기준 한국에 거주하는 네팔인은 3만 4,629명이다.* 그러나 네팔인들은 실제 거주자 수를 4만 명 이상으로 본다. 미등록 노동자 수가 정부 추산보다 많다는 얘기다. 통상 네팔인은 결혼 이주 여성과 한국 귀화자도 '네팔인' 범주에 넣어 계산한다.

통계청 자료에 따르면, 서울 거주 네팔인은 1,014명이다.** 이 중

---

* 법무부에서 발표한 '2017년도 출입국 외국인정책 통계연보'에 따르면, 네팔 국적을 가진 등록외국인은 3만 5,426명이다. 이 가운데 비전문취업(E-9) 자격이 3만 1,225명으로 대다수를 차지하고 있다.

** 통계청이 발표한 '2017년 인구주택총조사'에 따르면, 국내 체류 3개월 미만을 제외한 국내 거주 외국인은 147만 9,000명이다. 이는 우리나라 총 인구의 2.9퍼센트를 차지하는 수치다. 이들 가운데 62.2퍼센트가 수도권(서울, 인천, 경기)에 거주하고 있는 것으로 나타났다.

–

추석 연휴 때면 네팔 이주민들은 함께 모여 '더사인' 축제를 즐긴다.

에서 동대문만 따로 뽑으면 69명에 불과하다. 숫자로만 보자면 동대문이 네팔인에게 특별한 장소여야 할 이유는 없다. 분명한 것은 추석이나 설날이면 5,000명 이상이, 주말에도 1,000명 이상이 동대문으로 몰려든다는 사실이다. 언론에서는 이따금씩 '네팔 타운'이라는 이름을 붙여 보도하지만, 동대문에 네팔인의 정체성을 부여할 만한 '공식적' 공간은 없다. 그나마 식당과 상점이 이국적인 이미지를 유지할 뿐이다.

낮 시간에 동대문역 3번 출구에서 '모모'를 팔던 C는 이제 골목길 안쪽 식당에서 술병을 나르고 있었다. 그는 오랜 단골만 손님으로 맞아 자신의 색깔이 강한 요리를 만든다고 했다. 네팔 음식을 잘 모르는 사람이 들어와 이러니저러니 하는 소리를 듣고 싶지 않아서 손님을 조금 까다롭게 가린다는 얘기다. 그가 네팔식으로 만든 한국 음식 중에 내장볶음과 똥집볶음이 꾸준한 인기를 끌고 있었다.

식당 안은 꽉 차서 자리가 없었다. C는 지인들이 계속 찾아오자 자동차가 다니는 길가에까지 테이블을 깔았다. 4년 전 '품행미단정'이란 특이한 이유로 한국에 귀화가 불허된 민수 씨(42세)도 좁은 골목에 차를 세우고 옛 친구를 만났다. 수년 만에 나타나 친구에게 빌려준 돈을 받으려고 네팔에서 왔다고 말한 사람도 있었다. "왠지 추석에 동대문에 오면 돈을 받을 수도 있겠다는 생각이 들었다"고 그는 말했다.

밤이 깊어지면서 네팔 공동체는 영역을 확장했다. 창신2동 지역 네팔 식당에서 식사를 마친 사람들은 동대문 쇼핑 타운으로 자리를 옮겨 2차 모임을 가졌다. 창신동에 워낙 많은 사람들이 몰린 탓도 있지만, 동대문 상가 중심부의 화려한 분위기를 찾아 가려는 심리도 무시할 수는 없다. 기왕이면 넓고 깨끗한 식당에서 명절 모임을 즐기고 싶은 건 당연한 욕구일 듯하다.

동대문 쇼핑 타운 인근 부대찌개 전문점에선 네팔 북서부 카스키 지역공동체 모임이 열렸다. 그들도 한국 사람들처럼 유리컵에 소주를 먼저 따르고 맥주를 붓는 소맥 폭탄주를 만들어 돌렸다. 소주 2분의 1잔을 먼저 붓고 맥주를 따른 뒤 잔을 흔들어 건네는 동작이 자연스러웠다.

국제결혼으로 가정을 이룬 여성 세 명은 화려한 네팔 의상을 입고 한쪽 구석에 나란히 앉았다. 이런 자리가 아니면 잘 입지 않는 옷이라고 했다. 네팔 여성들도 그들만의 방식으로 더사인을 즐긴다.

일반적으로 네팔에서 여성의 지위는 낮다. 평균 사망률과 문맹률은 남성보다 높고, 동일 노동일 경우 여성의 임금이 훨씬 적다. 여성에게 출산은 일종의 의무이며 결혼 후 10년이 지나도록 아이가 없으면 남성은 합법적으로 후처를 얻을 수 있는 제도도 있다. 35세 이상 여성에 한하여 남편이나 부모의 동의 없이 여권을 신청할 권리가 허용된 것이 불과 2005년이었다. 월경 중인 여성을 4일간 외양간에서 묵게 하는 풍습을 불법화한 것도 그해의 일이었다. 이른바 '차우파디chhaupadi'라고 불리는 풍습인데, 2017년에

–

추석맞이 특별공연. 네팔에서 한창 인기 있는 가수도 보고
오랜만에 친구도 만날 수 있으니 입장료가 아깝지 않다.

도 움막으로 쫓겨난 18세 소녀가 독사에 물려 사망한 사건이 언론에 보도됐다.

처음 만난 네팔 여성에게 한국에서 사는 것에 대해 두서없이 물었다. 그들은 편안한 웃음을 지을 뿐 속내를 내비치지 않았다. 다소 어색한 분위기에서 옆에 앉아 있던 카스키 공동체 회장 콤 구릉 씨가 네팔 여성의 강인한 삶에 대해 자세히 얘기해 줬다. 여성이 먼저 자리에서 일어설 때 두 손을 모아 "나마스떼"라고 인사하자 반갑게 "나마스떼"라고 화답했다. '당신 속에 깃든 신에게 경배한다'는 뜻의 나마스떼는 네팔인에게 단순한 인사말 이상의 의미를 지닌다.

시간은 자정을 향하고 있었다. 공동체는 공식 모임을 끝내고 집에 갈 사람, 술을 더 마실 사람, 다른 곳에서 놀 사람으로 나뉘었다. 놀고 싶은 사람들이 간 곳은 댄스파티장이었다. 방금 전까지 창신동에서 술을 팔던 C는 어느 틈엔가 을지로 뉴천지호텔로 이동해 댄스파티를 준비하고 있었다. 그는 이번 댄스파티의 흥행을 위해 네팔 현지에서 영화배우까지 초청했다.

호텔 입구에서 낯익은 얼굴을 만났다. 저녁 무렵 창신동에서 보았던 그 네팔인, 바로 돈 빌려간 친구를 찾아 네팔에서 왔다는 사람이었다. 그에게 친구를 찾았냐고 물으니 놀랍게도 댄스파티 현장에서 마주쳤다고 했다. 돈은 받았냐고 재차 물으니, 그 얘기는 아직 꺼내지도 못했다고 했다. 네팔인은 뭔가 곤란한 문제에 부딪히면 어깨를 으쓱하는 특유의 몸짓이 있다. C에게 그게 무슨 의미냐고 물으니 "케 가르네Khe garne"라고 했다. 한국어로 옮기면 '뭘 할 수 있겠어?' 정도의 체념이 되겠다.

입장료 1만 5,000원을 내고 뉴천지호텔에 들어갔다. 네팔에서 온 영화배우는 나이트클럽 무대 앞쪽 디제이 박스에서 쉴 새 없이 멘트를 날리고 있었다. 댄스파티도 낮 공연처럼 경쟁이 붙어서 저마다 잘나가는 연예인을 모셔야 손님이 많다고 했다. 화려한 무대의상을 차려입은 영화배우가 음악이 바뀔 때마다 강한 반향 효과로 마이크에 흥을 불어넣었다. 리듬은 디스코, 고고, 블루스를 부지런히 오갔고, 사이키 조명 아래 격렬한 춤판이 벌어졌다.

2장

창신동 코멘터리

잠시만요!

Ek-chhin-parkha-nos

(에끄 친 파르크 노스)

재개발 대신
재생을 택하다

'동대문 네팔 타운'은 공식 명칭이 아니다. 언론에서 그렇게 이름 지어서 보도했을 뿐이다. 공식적으로 서울 동대문구 창신2동과 창신3동은 네팔인이 말하는 '타운'이다. 물론 관점에 따라 타운보다 민족촌, 마을, 지역공동체, 주말 소수민족 등으로 해석하기도 한다. 어떻게 부르든 창신동이 네팔인의 정서적 중심지이고, 창신동을 중심으로 네팔 공동체가 형성된 것은 분명하다.

'창신동'이란 지명은 조선시대 두 마을이었던 '인창방'과 '숭신방'을 합친 데서 유래한다. 지금이야 창신동이 종로구에서 인구가 많은 지역에 속하지만, 조선시대엔 한양의 개발 제한 구역으로 으슥

한 동네였다. 1910년대 창신동에 채석장이 개발되면서 동대문 바깥 달동네가 비로소 역사의 전면에 등장하였다. 일제 침략의 상징이었던 조선총독부 건물이 바로 창신동에서 캐낸 돌로 지어졌다. 이 무렵에 조성된 포목 시장은 오늘날 동대문 상권의 대표적인 업종으로 성장한 의류 산업의 시초가 되었다.

해방 이후 지방에서 올라온 서민들은 창신동 인근에 판잣집을 짓고 살았다. 1970년대엔 평화시장 봉제 공장이 대거 이주하면서 창신동은 동대문 의류 산업의 배후 기지로 주목받았다. 이런 이유로 서울시는 최근 창신동 647번지 일대를 테마파크로 만들기 위해 봉제 박물관을 짓고 있다.* 아침부터 저녁까지 옷감을 실어 나르는 오토바이 엔진 소리가 전매특허인 647번지 봉제 거리 바로 옆에 대한민국 노동운동의 유물인 전태일재단 사무실이 있다.

봉제 거리 예정지엔 창신동 의류 산업의 역사를 알리는 표지판이 여럿 보인다. 실이 옷으로 완성되기까지의 공정을 보여 주는 안내판도 있고, 한국 의류 산업을 이끈 화제의 주인공을 소개하는 구역도 있다. 그러나 눈을 씻고 찾아봐도 이 골목 어딘가에서 피눈물을 흘렸을 봉제 노동자의 자취는 없다. 물론 한국 사람들이 떠나간 '더럽고dirty 힘들고difficult 위험한dangerous', 이른바 3D 업종에 뒤늦게 유입된 이주 노동자의 흔적도 찾아보기 어렵다. 관공서 통계자료를 종합하면 창신동 봉제 공장 노동자 중 약 40퍼

---

* 2018년 4월에 '이음피움 봉제역사관'(http://iumpium.com)이라는 이름으로 박물관이 개관했다.

센트가 외국인임에도 그러하다.

동대문 의류 산업은 1990년대 급부상한 초대형 쇼핑 타운과 함께 글로벌 시대를 맞았다. 이에 발맞춰 2000년대엔 창신동과 숭인동 지역이 뉴타운 지역으로 선정돼 '젠트리피케이션 gentrification'* 조짐까지 보였다. 그러나 창신동 주민들은 2013년 주민 투표를 통해 서울시 뉴타운 지역 중 처음으로 재개발을 포기하고 도시재생 시범 지역으로 방향을 전환했다. 동대문 네팔 타운으로선 존폐의 위기를 가까스로 넘긴 셈이다.

동대문을 중심에 놓고 살펴보면 창신1동은 쇼핑 타운 입구부터 삼일아파트, 동묘역, 창신초등학교에 이르는 거리와 시장을 아우른다. 또한 창신2동은 동대문역 1번 출구와 3번 출구에서 낙산공원 방향으로 향하는 상가와 주택을 포함하며, 창신3동은 1동과 2동의 오른쪽 윗부분인 창신역 주변이다. 이 가운데 네팔인 주거지와 봉제 공장은 창신2동에 집중 분포해 있다.

서울특별시 도시재생센터에 따르면 종로구 창신동과 숭인동에 거주하는 외국인은 3,400여 명으로 이곳 전체 인구의 약 11퍼센트에 달한다. 이 가운데 이주 노동자는 1,300여 명으로 추산되는데 미등록 이주민을 합하면 그 수는 더 늘어난다. 이 지역 미등록 이주 노동자의 상당수가 네팔 국적이라는 것이 일반적인 견해다.

네팔 타운을 좁게 해석하면 동대문역 3번 출구 일대로 볼 수

---

* '젠트리피케이션'은 낙후됐던 지역이 번성해 중산층 이상의 사람들이 몰리면서 임대료가 오르고 원주민이 내몰리는 현상을 말한다.

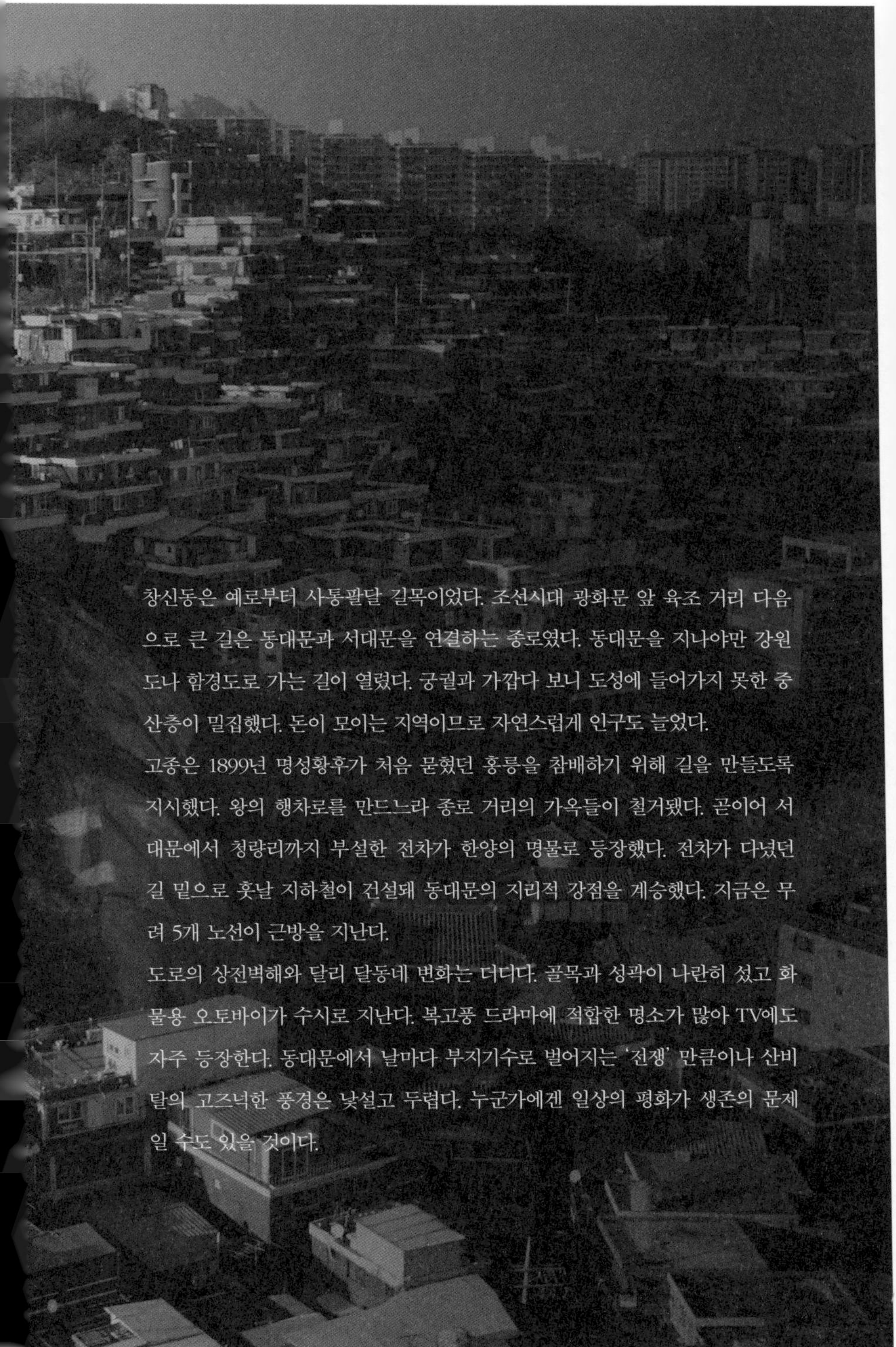

창신동은 예로부터 사통팔달 길목이었다. 조선시대 광화문 앞 육조 거리 다음으로 큰 길은 동대문과 서대문을 연결하는 종로였다. 동대문을 지나야만 강원도나 함경도로 가는 길이 열렸다. 궁궐과 가깝다 보니 도성에 들어가지 못한 중산층이 밀집했다. 돈이 모이는 지역이므로 자연스럽게 인구도 늘었다.

고종은 1899년 명성황후가 처음 묻혔던 홍릉을 참배하기 위해 길을 만들도록 지시했다. 왕의 행차로를 만드느라 종로 거리의 가옥들이 철거됐다. 곧이어 서대문에서 청량리까지 부설한 전차가 한양의 명물로 등장했다. 전차가 다녔던 길 밑으로 훗날 지하철이 건설돼 동대문의 지리적 강점을 계승했다. 지금은 무려 5개 노선이 근방을 지난다.

도로의 상전벽해와 달리 달동네 변화는 더디다. 골목과 성곽이 나란히 섰고 화물용 오토바이가 수시로 지난다. 복고풍 드라마에 적합한 명소가 많아 TV에도 자주 등장한다. 동대문에서 날마다 부지기수로 벌어지는 '전쟁' 만큼이나 산비탈의 고즈넉한 풍경은 낯설고 두렵다. 누군가에겐 일상의 평화가 생존의 문제일 수도 있을 것이다.

있다. 네팔인은 동대문역 3번 출구를 일종의 상징물로 여기는데, 이는 지리적 접근성에서 기인한다. 동대문역은 서울의 동서남북 어느 방향이든 접근하기 쉽다. 예컨대 의정부, 안산, 인천, 남양주에 흩어져 사는 공동체가 모임을 갖는다고 했을 때, 동대문은 평균 이동 거리가 상대적으로 균등한 길목이다. 또한 동대문까지 나와야 현수막도 만들 수 있고 공연장도 빌릴 수 있고 일자리 정보도 얻을 수 있다.

서울에 오래 산 사람이라면 동대문역 3번 출구에서 왼편으로 바로 꺾어 들어간 창신시장의 매운 족발을 기억할 것이다. 지금도 창신시장엔 매운 족발을 파는 가게가 여럿인데 예전과 다른 풍경이라면 중간에 중국 상점과 네팔 상점이 끼어 있다는 점이다. 외국인 유동 인구가 많아지면서 국적별 기호 식품을 앞쪽에 진열한 상점도 생겼다. 최근 수년간 동대문 봉제 업계가 불황을 겪으면서 공장 사람들에게 우리나라 음식을 팔던 한식당이 차례로 폐업했다. 자연스럽게 식당에 원자료를 공급하는 시장 상인의 매출도 떨어졌다. 식당 주인들이 새로운 고객인 외국인을 반가워하는 이유다.

창신시장을 관통하면 오밀조밀한 골목이 나타난다. 언젠가 TV나 영화에서 본 것 같은 서울 변두리의 편안한 모습이다. 얼마 전 박근혜 전 대통령의 가명으로 유명세를 탄 〈시크릿 가든〉의 여주인공 '길라임'이 이곳을 걸었고, 무역 회사 직원의 애환을 그린 드라마 〈미생〉의 '장그래'가 살던 집도 이곳에 있다. 이밖에 1990년대 초반을 그리워하는 사람이라면 영화 〈건축학개론〉 촬영지와 '가객' 김광석이 무명 시절 가족과 살았던 집도 찾아볼 수 있다.

창신시장을 경계로 안과 밖은 다른 세상이다. 바깥은 아침부터 저녁까지 분주한 도심이지만, 안쪽은 사람 사는 냄새가 도처에 가득하다. 골목과 골목이 이어지는 지점마다 빛바랜 간판을 내건 슈퍼마켓이 푸근하고, 해질 무렵엔 평상에 앉아 장기를 두는 노인들도 보인다. 주택이 끝나는 막다른 길에 이르면 가파른 경사면이 나타나는데 오른편으로 가면 일제강점기 당시 채석장 자리가 보이고 왼편으로 향하면 고즈넉한 낙산 성벽길이다. 창신동 주민들은 이곳을 '회오리길'이라고 부르는데, '회오리'라는 어감 속엔 정겨움과 함께 고단함이 묻어난다.

창신동의 겉과 속

창신동 네팔 타운을 다소 거칠게 구분하면 거리, 공장, 주택으로 나뉜다. 우선 거리는 가장 협소한 개념으로 대중매체에서 주목하는 역세권 지역이다. 동대문역 3번 출구에서 동묘역 방향으로 이어진 길가에 들어선 식당과 상점이 대표적이다. 네팔 식당은 도로변보다 안쪽에 더 많은데 이는 부동산 시세와 무관하지 않다. 창신동 일대 부동산업체 관계자에 따르면 대로변은

–

창신동 봉제 공장.
아직도 많은 네팔 노동자들의 서울살이가 여기에서 시작된다.

2층 공간도 권리금이 5000만 원을 상회하지만, 안쪽은 10평 기준으로 보증금 1000만 원에 월세 100만 원이면 얻을 수 있다.

종로구청과 주민센터 관계자는 창신동 일대 봉제 공장을 약 1,100개로 추산한다. 공장 간판을 내걸지 않고 집에서 주문을 받아 따로 작업하는 소위 '객공'까지 포함하면 그 숫자는 훨씬 많다. 봉제 공장은 특별한 기술이 필요하지 않아 외국에서 막 들어왔거나 미등록 상태인 노동자도 그곳에서 쉽게 일자리를 얻을 수 있다. 소규모 공장은 창신시장과 낙산 성벽 사이에 밀집돼 있는데 대다수가 5인 미만 영세 사업장이다.

토요일 오후까지 일하느라 문을 연 봉제 공장이 있어 그곳을 둘러보았다. 한국인 사장은 갑작스런 방문객이 어디에서 무엇을 하는 사람인지 꼼꼼히 확인한 뒤 내부를 보여 주었다. 재단과 미싱을 동시에 처리하는 공장엔 외국인 노동자 3명이 일하고 있었다. 노동자의 국적을 물으니 베트남인 2명, 네팔인 1명이었다. 3명 모두 이곳에서 일한 지 5년이 넘었다고 했다. 한국말이 능숙한 네팔 노동자는 "사장님이 좋아서 오래도록 일하고 싶다"고 했다. 미등록 신분인 그는 한국인 사장의 도움으로 지병인 고혈압을 치료 중이라고 했다.

네팔 노동자가 사는 집이 궁금하여 집을 보여 달라고 요청했지만 일하다가 자리를 뜨기 불편했는지 그는 몇 차례 손사래를 쳤다. 그러다가 한국인 사장이 다녀오라고 하자 활짝 웃으면서 회오리길 계단으로 올라섰다.

조선시대 서울의 동쪽 경계를 이룬 낙산 성벽을 따라가다 쪽문을 빠져나가면 이화동 길과 만난다. 여기서 다시 좁은 골목으로 한참 걸어가면 이른바 쪽방촌이다. 어른 한 사람이 겨우 몸을 누일 수 있는 한 평 남짓한 방과 화장실, 그곳이 이주 노동자들이 밤을 보내는 곳이다.

그는 아침 8시 30분에 집을 나서 10분을 걸어 일터로 간다. 점심과 저녁은 공장에서 먹고 밤 9시쯤 집으로 돌아온다. 토요일 저녁엔 창신시장 아래 네팔 식당에서 친구를 만나 밥을 먹는다. 하지만 출입국관리사무소에서 단속이 뜬다는 정보가 있으면 주말에도 온종일 집에서 지낸다. 가끔 일이 밀리거나 사장이 잔업을 요청하면 공장에서 잠을 자기도 한다.

언제 잡혀갈지 모르는 미등록 노동자를 고용한 고용주의 생각은 어떨까. 오랜 불경기로 창신동 봉제 공장 중 상당수가 위기에 처한 요즘, 이주 노동자의 고용 불안도 날로 심각해지는 추세다. 사장은 "미등록이든 뭐든 일 잘하는 사람이 최고"라며 5년 동안 불평 한마디 없이 성실하게 근무한 직원을 길게 칭찬했다.

"예전엔 업무 보조에게 기술을 가르쳐 주지 않고 일부러 애를 먹였다. 하지만 지금은 내가 편하기 위해 빨리 가르친다. 가능하면 한 사람과 오래 일하는 것이 이득이다. 새로운 사람을 데려와서 일을 가르치려면 그만큼 힘들고 시간도 허비하게 된다."

2011년 서울역사박물관은 서울의 생활문화 조사 일환으로 창신동을 집중 탐색하여 『창신동: 공간과 일상』을 펴냈다. 400쪽이 넘는 이 심층 보고서엔 창신동의 역사, 문화, 산업 등이 자세히 담겨 있다. 보고서에 따르면 창신동에 이주 노동자가 들어오게 된 것은 노동 시장의 수요 때문이다. 창신동에 봉제 공장이 많았는데 워낙 열악한 환경이다 보니 상대적으로 취약한 이주 노동자들이 몰렸다는 분석이다.

창신동 일대 이주 노동자 공간을 다룬 국내 연구는 드물다. 오랫동안 이주 노동자 지원 활동을 했던 서선영이 영어로 공동 발표한 「이주 규제 정책과 공간의 생산: 한국 거주 네팔 노동자 사례 연구」(Seo and Tracey, 2017)는 동대문 일대를 집중 조명한 논문이란 점에서 특히 눈길을 끈다. 그에 따르면 동대문 네팔 타운은 일종의 민족적 구역이고, 네팔 공동체가 친분을 강화하며 여가를 즐기는 공간적 매개체에 해당한다.

서선영이 심층 면접을 통해 확인한 자료에 의하면 네팔 노동자들이 동대문 지역 봉제 공장에서 본격적으로 일하기 시작한 것은 1990년대 후반이다. 또한 동대문이 네팔 타운의 외양을 갖춘 시점은 2000년대 초반이다. 이 무렵 동대문역 3번 출구 주변에 네팔 식당이 문을 열었고, 이후 많은 네팔인들이 동대문으로 거처를 옮겼다. 네팔인 수가 늘자 식당은 더 많아졌고, 식당을 매개로 다양한 공동체가 동대문에 진입했다.

이러한 현상에 대해 서선영은 "네팔 남성들은 세계 어느 도시에 살든 주변을 배회하는 것이 생활 습관인데, 우리나라 공공장소에서 일상적 활동을 함으로써 그들의 정체성을 온전히 드러낸

–

창신동 골목길. 오밀조밀한 골목길 위에 사람 사는 냄새가 가득하다.

다"고 주장한다. 언론의 인상비평처럼 네팔인이 주말마다 모여 단순히 즐기는 것이든, 서선영 등의 해석처럼 나름의 의미를 두고 한국 사회와 한국의 이주 노동 정책에 도전하는 것이든, 동대문 네팔 타운은 이미 네팔인이 주도하는 문화적 공간으로 변모하고 있다.

3장

남은 자들의 일상

잘 지내십니까?

Ta-pai-lai-kas-to-chha

(따빠 일래 가스 또 차)

어느 사업가의 죽음

2016년 9월 24일 저녁, 어느 네팔 사업가의 부고를 접했다. 한국에서 식당을 두 곳이나 운영하는 나름 성공한 사장의 자살이어서 적지 않은 네팔인들이 충격에 빠졌다. 휴대폰 메시지로 빈소를 알려 준 사람은 네팔 공동체 마당발로 통하는 C였다. C는 고인이 특별히 걱정도 없고 사업도 잘하는 분이었다며 실감 나지 않는다고 했다. 몇 시간 뒤 서울 시내 장례식장에서 다시 만난 C는 아무래도 우울증 같다며 고인의 상처를 짐작했다. 가족과 떨어져 사는 네팔인 사이에서 가끔 이런 일이 생긴다고 했다.

고인을 아는 네팔인들이 빈소로 몰려들었다. 하나같이 날벼락

स्पेशल
मःम
₩ 5.000/-
TY SQUAD
PRESENTS
DANCE PARTY

–

모모(만두)를 먹으며 향수를 달래는 네팔인들.
이국적인 향신료 냄새가 걸음을 멈추게 한다.

을 싸웠다. 안타까운 사연을 접한 네팔 여성 단체들이 뒤늦게 싸움에 가세했다.

"한국이라면 당연한 권리이겠으나 네팔에서는 그렇지 않았어요. 남편은 부인이 사는 집으로 찾아와 돌을 던져 유리창을 깨고 수시로 폭력을 가했어요. 그런 상황인데도 경찰은 피해자를 돕지 않았습니다. 결국 재판까지 가서 이겼지만 무려 5년이나 기다려야 했어요. 수시라 조시는 이 일을 겪고 스스로 공부해서 변호사 자격증을 땄어요. 자기처럼 억울한 일을 당한 여성을 돕기 위해서였죠."

덤벌 수바 감독은 이 사건에 감동을 받아 직접 영화를 찍게 되었다. 그는 수시라 조시가 살아온 여정을 추적하면서 가족과 떨어져 사는 것이 과연 행복한 삶인지 근본적인 의문을 품게 되었다. 그의 눈으로 확인한 네팔과 한국의 피해 사례는 몹시 우울했다.

"고용허가제로 입국한 노동자들이 최대 4년 10개월간 일하고 돌아갑니다. 그 시간에 많은 가정이 파탄나고 있어요. 남자와 여자의 부적절한 만남이 가족을 해체하는 단계로 나갑니다. 네팔로 돌아가서 양육권이나 재산 문제로 법정 싸움을 벌이는 사람들이 크게 늘었어요. 한국에서 자살한 네팔 사람도 35명*이나 됩니다. 이건 심각한 사회문제라고 생각해요."

---

* 네팔 대사관의 공식 통계와는 다를 수 있다.

덤벌 수바 감독은 다수의 네팔 이주민들이 우울증에 시달린다고 분석했다. 당장 돈을 벌기 위해 정상적인 삶을 포기한 데서 찾아오는 후유증이라는 지적이다. 그는 "수년간 네팔 이주민 무료 진료를 다닌 의사가 네팔 이주민의 70퍼센트 정도는 우울증 같다고 하셨어요. 이 영화를 찍으면서 내내 그 얘기가 떠올랐습니다"라고 말했다.

그래서 그의 차기 작품 주제는 자살이다. 네팔로 돌아가지 못하고 한국에서 죽은 이들의 삶에 관한 다큐멘터리다. 생명을 끊을 수밖에 없었던 압박감의 실체를 찾는 게 기획 의도다. 경제적으로만 보자면 분명 좋은 환경이 돼야 하는데 그들의 삶이 오히려 불행해지는 역설, 그는 그 원인을 다음 작품에서 보여 줄 듯하다.

"한국 사회의 스트레스가 이주민 사회에도 그대로 반영되는 게 아닌가 하는 느낌도 들어요. 한국이 세계 자살률 1위이고 노동 강도도 매우 높은 나라잖아요. 이주 노동자들은 한 달에 기껏해야 이틀 쉬는 거라서, 여가라는 게 없어요. 고향으로 돈 부치고, 남는 돈으로 술 먹고 친구들이랑 수다 떨면 끝이잖아요."

나처럼 당하지 말았으면…

덤벌 수바는 1993년 처음 한국에 왔다. 4년 뒤 네팔로 돌아갔다가 2003년 학생 비자로 다시 들어와 아주대 미디어학과를 다녔다. 그는 학비를 마련하기 위해 낮 시간에 아주대병원에서 일하고 밤에 주로 공부했다. 병원 관리과에서 잡무를 도맡았던 경험이 훗날 이주 노동자를 돕는 데 큰 도움이 됐다. 2009년 한국인 여성과 결혼했다.

덤벌 수바는 어릴 때부터 세상 돌아가는 일에 관심이 많았다. 자기가 경험한 일을 글로 표현하는 걸 좋아했고 그것이 블로그 기자로 활동한 계기가 됐다. 언론학을 전문적으로 공부하지 않았으나 그가 쓴 네팔 이주민에 관한 현장 취재와 인터뷰는 언론의 기본을 충실히 따르고 있다. 무엇보다 사실 확인과 필자 의견이 적절하게 조화를 이루고 있다.

그는 처음에 네팔어로만 기사를 쓰다가 한국어로도 기사를 써서 블로그에 올리면서 활동 폭을 넓혔다. 그러나 외국인이라는 이유로 블로그 활동이 제한되었고 그의 기사는 네팔어로만 이주 노동자 사이트에 게재됐다. 일부 기사는 한국어로 번역돼 한국 인터넷 매체에 인용되기도 했다.

그가 직접 작성한 보고서가 늘어나면서 많은 취재원이 생겼다. 피해를 당한 이주 노동자가 도움을 청하는가 하면 대사관 쪽에서 먼저 전화해 현장을 살펴봐 달라고 부탁하기도 했다. 그는 병원 직원이었음에도 불구하고 어떻게든 시간을 내서 현장을 취재하고 곧바로 기사를 올렸다. 누구도 그에게 취재 비용을 지불하지 않았으나 그는 불만이 없다.

어떤 에너지가 그를 움직였을까? 단순히 사명감이라는 말로 담아내기 힘든 열정이었을 것이다. 바로 자신이 몸소 겪은 고통이기에 남의 이야기로 보이지 않았던 것이다.

"1993년 한국에 처음 와서 정말 힘들었어요. 한국말을 모르다 보니 서러운 일을 참 많이 당했고, 이유 없이 폭행을 당한 적도 많았어요. 그때는 미등록 신분이라 누구한테 하소연도 못하고 그냥 참고 살았어요. 그래서 다른 사람이 억울하게 피해를 당하는 걸 그냥 넘길 수 없었어요. 비록 작은 힘이지만 할 수 있는 만큼 도움을 주고 싶었어요."

덤벌 수바가 사건 현장에서 하는 일은 단순하다. 피해자 얘기를 듣고 정확한 내용을 회사나 대사관에 전달하는 정도다. 비록 이주 노동자들이 한국어 시험을 치르고 입국한다지만, 막상 사고가 터지면 당황한 나머지 효과적으로 대응하지 못한다. 그렇게 시간이 흘러가다 보면 사건은 잊히고 피해는 고스란히 노동자의 몫으로 남는다.

"어떤 노동자는 가서 보니까 뼈가 하나 완전히 부러졌더라고요. 분명히 고용 허가제로 들어온 사람이고, 외국인등록증이 있고, 위로금 규정도 다 있는데, 회사 쪽에서는 산재 처리를 안 하는 겁니다. 그래서 병원에 가보니까 주소지가 이미 말소됐더라고요. 신원 확인이 안 되니까 산재고 뭐고 다 안 되는 거예요. 게다가 회사에서는 '노동자가 고의로 기계에 손가락을 집어넣었다'고 황당한 주장까지 했어요. 회사 쪽에 부탁하고 피해자 진술 다시 받고 주소지 정정하고…. 그런 게 제가 하는 일이에요."

말이야 쉽게 들리지만 실제 상황이 되면 막막할 것이다. 한국말을 모르는 노동자가 무슨 수로 주소를 정정하고 산업재해 피해자라고 주장할 수 있을까. 공장이 대도시 주변이라면 NGO나 공동체라도 찾아가겠지만 교통수단마저 뜸한 산골에서는 그마저도 난감하다. 덤벌 수바는 주로 이런 곳을 찾아다니며 피해자의 아픈 상처를 보듬는다.

그는 1993년 서울 성수동 실리콘 공장에서 일을 시작했다. 전화기 안에 들어가는 실리콘 부품을 만들었는데 종종 유해 물질 소동이 벌어지는 업종이었다. 그는 남들보다 부지런히 일해서 사장으로부터 칭찬을 자주 받았으나 동료 노동자들에게 수시로 얻어맞았다. 그때는 왜 맞아야 하는지 이유를 몰랐다. 돌이켜보면 한국말이 서툴렀기 때문이다.

"일 빨리빨리 안 한다고 그냥 맞은 거죠. 그 말의 의미를 알아듣기까지 참 오랜 시간이 걸렸어요. 이주 노동자들은 그 말을 배울 때까지 참 많이 맞아요. 옆에서 빨리 가져오라고 하는데 천천히 움직이면 물건 집어던지고 욕하고 그랬어요. 무슨 얘기인지 모르고 다른 걸 가져가면 또 욕하고 성질부리고…. 여기서 '아이고', 저기서 '콱!' 그런 소리가 수시로 들려요."

'리틀 네팔 타운'은 미완성

덤벌 수바는 성수동에서 동대문으로 이사했다. 창신동으로 일터를 옮긴 사람들은 대개 봉제 공장에 들어가지만 그는 종이 공장에 취업했다. 돈이 모자라다 보니 되도록 값이 싼 방을 알아보기 위해 산동네를 뒤지고 돌아다녔다. 그때 곳곳에 네팔 사람들이 모여 있다는 사실을 알게 되었다. 그가 형편에 맞춰 구한 집은 겨우 몸 하나 누일 수 있는 쪽방이었다.

그때도 동대문엔 네팔 식당이 여럿 있었다. 토요일마다 네팔 사람들이 모이는 게 반가워 8년을 눌러 살았다. 명절 때는 시골 공장에 다니던 사람들까지 몰려와 축제를 벌이는 것처럼 시끌시끌했다. 그 시절의 기억을 되살려 얼마 전 〈동대문 다큐〉를 제작해 네팔 방송에 내보낸 일이 있다. 네팔인들이 주인공으로 등장한 해외 리포트는 '동대문'의 유명세를 더욱 끌어올렸다.

"사람이 얼마나 많던지 인도와 차도를 구분하기 어려웠어요. 지하철 역사부터 계단까지 꽉 들어찼어요. 한국 사람들이 지나가기 어려우니까 신고를 해서 경찰이 출동했어요. 노점상도 자기 물건 파는 곳에 서 있지 말라고 야단이었어요. 하지만 계속 사람들이 몰려드니까 방법이 없는 거예요. 따로 만날 장소가 있는 것도 아니고, '그냥 동대문역'이라고 하니까 3번 출구 주변이 붐빌 수밖에 없는 거죠. 저는 다큐에서 '여기는 한국이니까 네팔인들이 여기의 규칙을 따르자' 그런 메시지를 담았어요."

덤벌 수바의 보고서에서 눈길을 끄는 단어가 '리틀 네팔 타운'이다. 그가 취재한 내용을 간추리면 네팔인은 아직까지 동대문 이상의 적재적소를 찾지 못했다. 동대문이 비교적 편리한 곳이라서 모인다는 것이다.

"누구나 다 아는 곳이고, 교통 접근성이 좋고, 네팔 사람들 많고, 네팔 식당과 봉제 공장까지 있잖아요. 한국에서 그런 장소가 또 어디 있겠어요?"

그는 '네팔 타운' 앞에 '리틀'을 붙였다. 여기엔 '작다'라는 의미 외에 '미완성'이라는 뜻도 담겼다. 네팔인들 스스로 공동체 공간을 만들고자 하는 의지와 행동이 부족했다는 지적이다. 그는 "아무래도 한국 행정기관과 협의를 추진하려면 투표권을 가진 귀화자들의 노력이 중요합니다. 그런데 다들 개인 사업 하기 바빠서 힘을 모으지 못하는 것 같아요"라고 아쉬움을 표했다.

이주민 영화감독의 고민과 화두

덤벌 수바가 한국에서 걸어온 여정은 평범하지 않다. 공장 노동자, 학생, 병원 직원, 기자, 영화감독으로 끊임없이 삶의 궤적을 바꾸었다. 네팔 민족에 대한 뜨거운 애정과 사회적 약자에 대한 관심이 그 원동력이 된 것이다.

"사회문제에 관심을 가지다 보니 '왜'라는 걸 자꾸 생각하게 되었어요. 이주 노동자도 노동자니까 노동자의 권리가 보장돼야 하는데 그게 아니더라고요. ILO(국제노동기구) 협약에 따르면 이주 노동자도 가족의 건강권을 지킬 수 있거든요. 그런데 한국에 들어온 이주 노동자는 그게 안 돼요. 혼자 와서 열심히 돈을 번다고 해서 행복이 찾아오는 건 아니잖아요."

가족의 행복은 그가 오랫동안 고민한 주제다. 고용허가제 기간이 4년 10개월이라지만 그 시간에도 가족의 행복은 중요하다는 얘기다. 우리가 상상하기 힘든 가정 파탄이 네팔 전역에서 벌어지고 있다는 게 그의 취재 결과다.

"대부분의 사람들은 이주 노동자가 화상 전화로 가족의 얼굴을 보는 걸로 그리움이 해결된다고 생각하는 경향이 있어요. 물론 그게 없는 것보다 위안이 되는 건 사실이에요. 그런데 사람이 목소리를 듣고 모니터로 얼굴을 본다고 해서 감정이 해소되는 건 아니거든요. 사람들이 돈을 더 많이 벌게 되었는데, 왜 자살을 할까요? 결국 돈이 다가 아니라는 거죠."

어쩌면 이것은 세계 경제 시스템의 문제다. 자본의 이동은 허용하고 노동의 이동은 제한하는 상황에서 문제의 해결은 요원하다. 덤벌 수바는 인간의 관점에서 점진적 해법을 모색한다.

"노동자가 입국할 때 가족을 함께 부르는 게 최선이에요. 그게 힘들다면 6개월에 한 번씩 초청하거나 1년 연차 휴가를 모아서

에베레스트(8,848미터)는 세계에서 가장 높다. 티베트어로 '세계의 어머니'란 뜻이다. 에베레스트는 멀리 바라보면서 경배를 드리는 성지다. 벽에 단순하게 그은 몇 개의 흰색 실선만으로도 에베레스트는 신성한 경지에 오른다.

그녀의 네팔 이름은 럭스미. 네팔어로 풀면 '부의 여신'이다. 사업 수완이 뛰어나지만 그렇다고 돈에 연연하진 않는다. 아무리 바빠도 네팔 커뮤니티 일이라면 팔 걷어 부치고 뛰어간다. 열아홉에 산업연수생으로 겪었던 상처가 그의 몸과 마음에 주홍글씨로 남았다. 그녀는 다시 그런 슬픔과 외로움이 없기를 기도하지만 현실은 녹록치 않다.

'뿌자' 레스토랑 입구엔 부처님 그림이 걸려 있고 그 아래 물그릇 7개가 놓인 제단이 보인다. 럭스미는 식당을 드나들 때마다 '세상에서 가장 깨끗한 7군데 물'로 육신의 잡티를 제거하고 거울 앞에서 합장한다. 뒤에서 보면 마치 성지 순례를 떠나는 종교인처럼 경건하다.

자기 나라에 다녀오도록 할 수도 있고요."

실제로 일부 농업 노동자가 농번기가 끝나면 일시 귀국하는 사례가 있다. 그러나 다수의 노동자들은 비용 부담을 느끼고, 사업주도 혹시나 사업장을 이탈하지 않을까 싶어 소극적으로 움직이는 경우가 많다. 덤벌 수바는 '돈으로만 계산하지 말고, 행복의 문제로 접근해야 한다'고 강조한다. 가족과 건강, 그가 중시하는 노동자의 권리다.

덤벌 수바가 천착하는 또 하나의 화두는 여성이다. 네팔의 경우 아직까지 남녀 불평등이 극심해서 여성 인권이 취약하다는 것이다. 네팔의 성차별 문화는 한국에서도 그대로 이어져 여성 노동자의 피해가 더 심하다는 분석이다. 남의 나라에까지 와서 차별에 시달리는 여성 문제에 대해 그가 끊임없이 글을 쓰는 이유다.

"네팔에서는 이제 겨우 헌법에서 평등권을 규정하고 있습니다. 그러나 법에 명시됐다고 해서 인권이 보장되는 건 아니거든요. 네팔은 전통적으로 보수적인 나라입니다. 여자들이 집 밖에 있는 것조차 꺼리는 문화가 있어요. 아직도 여성이 자기 목소리를 내려면 대단한 용기가 필요합니다."

덤벌 수바는 네팔 대사관에 대해서도 쓴소리를 아끼지 않았다. 자국민에 대한 보호 의지와 노력이 부족하다는 것이다.

"얼마 전 충청도에서 네팔 노동자가 사망했어요. 그쪽 사람들이 바로 대사관에 전화해서 방문을 요청했나 봐요. 그런데 대사관에서 토요일은 휴일이라서 못 간다고 했대요. 그리고 경찰서에서 정식으로 요청이 와야 갈 수 있지 개인적으로는 갈 수 없다는 말도 했답니다. 현장에서 그 얘기를 듣는데, 저도 화가 나더라고요."

한국 정부에 대해서도 이주민의 다양성이나 특수성을 고려하지 않는다고 비판했다.

"한국인들에게 한국 문화가 소중한 것처럼, 이주민에겐 그들의 문화가 중요합니다. 다문화 가정이라고 해서 명절 때마다 한국 문화만 가르칠 것이 아니라 그들의 문화도 존중해 줘야 한다는 인식의 전환도 필요합니다."

덤벌 수바는 미래의 '네팔 타운'이 꼭 갖춰야 할 내용으로 '문화'를 꼽는다. 네팔을 상징하는 문화 공간이 동대문 어딘가에 자리를 잡아야만 한다는 의견이다. 지금은 네팔인들이 영화를 보러 조계사나 성북구청을 찾지만, 언젠가 동대문에 네팔 영화관이 들어서길 그는 기대한다. 그때까지 그는 자신이 찍은 영화를 이주민에게 보여 주기 위해 전국을 떠돌 것이다.

봉제 공장 보조, 럭스미

네팔 이름으로 럭스미는 '부의 여신'이란 뜻이다. 한국명 나민경, 한자를 쓰지 않은 한글 이름이다. 그는 동대문에서 가장 바쁜 사람으로 꼽힌다. 그가 운영하는 네팔 식당 '뿌자'는 언제나 북적거린다. 그는 사장이지만 주문부터 서빙까지 직접 하면서 손님의 안부를 묻는다. 어려움에 처한 네팔인이 있으면 대사관이나 고용센터로 전화를 걸고 피해자가 있는 곳까지 직접 찾아가기도 한다. 그래서 그는 항상 스마트폰을 두 대 켜놓고 양쪽을 들여다보며 네팔 공동체 소식을 살핀다.

그는 1995년 악명 높았던 산업연수생으로 처음 한국에 왔다. 그때 그의 나이 열아홉, 네팔에서 법학을 공부하던 학생이었다. 1997년 한국인과 결혼한 뒤 귀화했으나 얼마 후 이혼하고 2006년 네팔인과 재혼했다. 그 사이 그는 일본도 가보고 독일도 가보았지만 결국 한국으로 돌아왔다. "어디를 가도 한국 생각이 간절했다"는 말은 그의 진심이었다.

1995년 그는 충남 천안에 있는 공장에서 일했다. 가방과 스키 장갑을 만드는 곳이었는데 밤낮이 따로 없었다고 한다. 자신이 '연수생' 신분이라는 것도 모르고 그저 고용주가 시키는 대로 일하던 시절, 그의 월급은 28만 원이었다. 럭스미는 그곳에서 기술을 배워 언젠가 네팔로 돌아가 가방 공장을 차리겠다는 야무진 꿈을 키웠다. 그러나 1997년 IMF가 터지는 바람에 공장이 문을 닫으면서 그의 꿈은 물거품이 되었다. 럭스미는 네팔로 돌아가야 했다.

"먼저 한국 간 친구들이 '괜찮다. 새로운 것도 많다'고 해서 왔어요. 2년 정도 하면 남의 나라 문화도 배울 수 있겠다 생각했지요. 한국에서 법학 공부도 다 마칠 계획이었죠. 그러나 24시간 일하는 상황에서 그게 말이 안 되는 거였어요. 공장 문 닫고 네팔로 갔는데 또 적응이 안 되는 거예요. 네팔엔 일자리도 없었고요. 그래서 다시 한국에 온 겁니다."

럭스미는 왜 한국을 택했을까. 그에 따르면 "사회생활을 처음 한 곳이라 마음이 끌렸다"고 한다. 일본 사람들은 너무 냉정해서 정을 주기 어려웠고, 독일에서는 사람 자체를 만나기 어려워 향수병으로 고생했단다. 일본에 있건 독일에 있건 꿈에 나타난 건 조국 네팔이 아니라 한국이었다고 한다. 무슨 일이 생기면 서로 도우려는 모습, 그것이 럭스미가 한국을 그리워한 이유였다.

"1998년 여기 동대문에서 미싱 일을 했어요. 처음엔 말단 보조였고, 나중엔 미싱 보조였어요. 월급은 60만 원, 그것도 많이 준 거라네요. 봉제 일은 개인 시간이 없어요. 주문이 오면 어떻게든 마무리해야 돼요. 새벽 4시, 5시까지…."

럭스미가 일했던 봉제 공장은 지금도 창신동 뒷골목에 있다. 그의 말대로 청춘을 보냈던 곳이지만, 동대문에 살면서도 그쪽을 돌아보지 않는다. 근처에 일이 있어도 눈을 다른 곳으로 돌리거나 일부러 피해서 목적지로 향한다.

"5년 넘게 일했지만 쳐다보고 싶지 않을 정도로 질렸어요. 몇 시인지도 모르고 일하다 보면 다리가 퉁퉁 부어요. 그때 저랑 같이 시작한 친구들은 지금도 일하고 있어요. 너무 마음 아파요. '어휴, 아직까지 그걸 어떻게 하고 있나?' 하는 생각이 들어요. 그때는 외국인이면 무시받던 시대였죠. 일하다 말고 화장실 가서 울고 그랬어요."

20년 전의 럭스미처럼 지금 봉제 공장에서 일하는 네팔인들이 그의 식당 '뿌자'를 찾아온다. 럭스미는 몇 마디만 나눠 봐도 봉제 공장 노동자인지 아닌지를 알 수 있다고 한다. 예전보다 월급은 많이 올랐으나 봉제 공장 특유의 노동강도는 변하지 않았다. 그들을 바라보며 럭스미는 처절했던 과거를 떠올린다.

"이게 시간 가는 줄 몰라요. 지금 생각해 보니까 어떻게 일했나 싶어요. 토요일은 밤새고, 일요일은 너무 힘드니까 링거 주사 맞고 사우나 가고 그랬어요. 물을 많이 마시면 화장실 자주 간다고 구박했어요. 밥은 배달을 시켜 먹었는데 편안히 먹을 수가 없었죠. 얼른 먹고 얼른 치워야 되는 거예요."

신랑 얼굴도 못 보고 결혼

장시간 노동에 개인적 쇼크까지 겹쳐 럭스미는 다시 네팔로 돌아갔다. 너무 힘들어서 정신과 약까지 복용했다고 한다. 이렇게 사느니 그냥 고향에서 편안하게 살고 싶었다고 한다. 그러나 이번에도 일과 돈 때문에 한국으로 다시 돌아왔다. 대신 봉제 공장이 아닌 사출 공장에 취직했다.

이 무렵 럭스미는 독일에서 일하던 남편을 만났다. 한국으로 치면 조선시대 풍습처럼 집안끼리 정혼하는 방식이었다. 네팔 집에서는 그냥 '급한 일이 생겼으니 빨리 오라'는 전보를 쳤고, 럭스미는 평소처럼 시장을 보고 밤 늦게 네팔행 비행기를 탔다. 럭스미는 결혼식 당일까지 신랑 사진조차 보지 못했다고 한다.

"결혼식 끝나니까 남편은 또 독일로 가고, 저는 한국으로 왔어요. 나중에 제가 임신하고 독일로 갔죠. 그런데 적응이 안 되는 거예요. 어느 날 우리 신랑이 코리아타운을 한 번 데려갔는데 너무 좋은 거에요. 거기 슈퍼마켓에서 쌀도 사고 고추장도 사고 김치도 사고 김도 사고…. 밥통이 없어서 밥통도 사고 그랬어요."

남편은 독일에서 같이 살자고 했지만 럭스미는 한국으로 왔다. 저녁 6시면 문을 닫는 독일 상가보다 24시간 문을 여는 한국 편의점이 마음에 들었단다. 그래서 남편에게 "당신이 한국 한 번 와봐라. 만약 당신이 한국에서 적응하지 못하면 그때 내가 따라가겠다"고 해서 남편을 한국으로 데려왔다. 그런데 한국으로 온 남편이 "여기서 살고 싶다"고 했다.

럭스미는 2008년 뿌자 식당을 시작했다. 럭스미의 오빠가 2호점을 차려 나가면서 럭스미가 인수한 것이다. 럭스미보다는 독일에서 피자 가게를 운영했던 남편을 고려한 선택이었다. 럭스미는 이 무렵 외국인 안내센터에서 일했는데 이때 접한 다양한 상담사례가 그의 활동 폭을 넓혀 주었다. 그는 능숙한 한국어 실력으로 뿌자를 드나드는 네팔인들에게 든든한 버팀목이 되었다.

"내가 한국 법을 완벽하게 아는 건 아니지만, 조금은 알잖아요.

그러니까 사람들이 밥 먹으러 왔다가 도움을 청하기도 하고 일부러 멀리서 찾아오거나 지인들을 소개시켜 주니까 자꾸 연결이 되는 거예요. 그러다 보면 병원 쫓아다니고 돈 걷어서 도와주고 점점 바빠지는 거죠. 며칠 전에도 일하다가 어떤 애가 쓰러졌는데, 의식 마비래요. 마산까지 가서 살펴보고 왔어요. 이 사람들이 한국어가 안 되면 전화로 통역하면서 해결 방법을 찾아야 되거든요."

럭스미는 누군가에게 도움이 된다면 소매를 걷어붙이고 나서는 스타일이다. 지방의 어느 절에서 쌀을 준다는 얘기가 들리면 직접 차를 몰고 가서 받아온다. 네팔 여성단체인 우먼포우먼을 설립하고 우먼포우먼이 운영하는 실직 여성을 위한 지원 쉼터를 만드는 일에도 적극 관여했다. 그는 돈보다 현물을 지원하는 것이 중요하다고 생각한다. 2015년 네팔 지진 때도 성금을 보내기보다 직접 현장에 가서 필요한 물품을 사서 전달했다.

"돈만 전달하면 제대로 갔는지, 잘 사용되고 있는지 늘 의문이 들어요. 또 제가 나서서 돈을 걷으면 여기저기서 말이 나오고 그래요. 그래서 가능하면 진짜 필요한 걸 구해 주려고 합니다. 지진 현장에 가 보니까 학교가 다 무너졌더라고요. 그럼 학교를 지어야지요. '아, 여기는 돈이 있어야겠다' 생각이 들면 그때 돈을 전하는 게 좋겠더라고요."

럭스미는 독실한 불교 신자다. 한국 생활이 외롭고 힘들 때 그는 절에 가서 위안을 얻었다. 그러나 럭스미의 눈에 비친 한국 불교는 종교적 순수함과는 거리가 있어 보인다고 했다. 네팔에서는 절에 가면 마음이 편해졌지만 한국에서는 그렇지 않다고 했다. 그래서 교회로 바꾸었으나 그곳도 마찬가지여서 다시 절에 다닌다고 했다.

"한국에서는 교회든 절이든 사업 같은 느낌이 들어요. 헌금, 십일조, 감사 헌금 등을 내요. 절에서 초에 불을 켜고 기도하는데 그게 마치 종교와 돈을 바꾸는 것 같아 저는 싫었어요. 그래서 지금은 작은 통장 하나 만들어서 예전에 헌금 냈던 만큼 통장에 넣고, 무슨 일이 생기면 그 통장에서 찾아 씁니다."

럭스미는 장사를 하다 보면 실물경제가 피부로 느껴진다고 했다. 그에 따르면 동대문 경기는 지난 몇 년간 지속적으로 쪼그라들었다. 추석 때도 네팔인들이 대거 몰려들었지만 식당 매출은 평소 주말 저녁과 큰 차이가 없었다고 한다. 5년 전 주말 매출이 500만 원이었다면 지금은 절반을 겨우 넘는 수준이라고 했다.

보이지 않는 차별과 편견

럭스미는 동대문이 네팔인의 중심지가 되기를 소망한다. 그것은 단지 자신이 운영하는 뿌자 식당의 경쟁력 문제만이 아니다. 네팔 이주민이 4만 명에 이르렀다면 어디 한군데라도 자신의 정체성을 확인할 만한 공간이 있어야 한다는 게 그의 소신

–

럭스미가 운영하는 네팔 식당 '뿌자'.
네팔 식당은 한 끼 식사를 해결하는 곳을 넘어 친목의 공간이다.

이다.

"지금 네팔 거리에 한국 사람도 많이 찾아오잖아요. 그런데 네팔을 상징하는 공간이 식당 말고는 없어요. 네팔 분위기도 조금 날 뿐이고…. 사람들이 여기 오면 '와, 정말 네팔 같네' 이런 느낌이 들어야 하는데, 그런 게 없잖아요. 네팔 친구들은 동대문이 대단한 곳인 줄 알고 방문하는데 보여 줄 게 실은 없어요. 그래서 네팔 옷도 입어 보고 네팔 문화도 구경할 수 있는 곳을 준비하고 있습니다. 가능하면 동대문역 3번 출구 근처에 만들려고 해요."

럭스미는 말투나 외모에서 외국인 티가 거의 나지 않는다. 촛불집회 등 한국의 주요 뉴스도 잘 이해하고 있고 어지간한 농담이나 은어도 금방 알아듣는다. 그럼에도 한국 사람들을 상대할 때 넘기 힘든 벽이 있다고 말한다.

"제 이름을 '럭스미'에서 '나민경'으로 바꿨어요. 예전에 은행 같은 데 가면 직원이 친절하게 대해 주다가 이전의 제 신분증을 보면 태도가 바뀌더라고요. 그래서 이름을 바꿨어요. 또 이런 게 있어요. 제가 가서 말하면 안 되는데 한국 사람을 데리고 가면 해결되요. 제가 이 정도인데 한국말이 잘 안 되는 네팔 사람들은 얼마나 힘들겠어요?"

럭스미는 귀화 한국인이고 남편은 네팔인이므로 럭스미 가족은 다문화 가정이다. 그러나 지방자치단체에서 홍보하는 다문화 지원 프로그램 대상자에 럭스미 가족은 포함되지 않는다. 주민센터 측이 밝힌 내용은 사업자 등록이 있고, 자동차를 소유하고 있기 때문이란다. 아이를 셋이나 키우고 있지만 럭스미 가족은 먹고 살 만하다는 이유로 혜택을 받지 못한다.

창신동에도 다문화가족지원센터가 있으나 가족 프로그램이 대부분이다. 더구나 종로구는 베트남인이 많다 보니 지원 서비스가 베트남인으로 특화돼 있어 네팔인이 찾아와도 특별한 도움을 주기 힘들다. 현장 실무자는 "창구에서 어떤 사람을 만나느냐에 따라 달라지는 게 현실"이라고 꼬집었다. 담당자의 의지에 따라 얼마든지 다른 구청 서비스를 연결할 수 있다는 얘기다.

여기서 짚고 넘어가야 할 불편한 진실이 하나 있다. 바로 다문화가족지원센터 직원의 처우다. 이들의 초봉은 160여만 원이고 상여나 수당은 없다. 근무시간은 9시부터 6시까지로 정해져 있으나 야근과 특근이 잦다. 사회복지 업무의 특성상 예측할 수 없는 잡무가 수시로 생긴다. 그러다 보니 1년도 지나지 않아 그만두는 사람들이 많다. '내 복지가 안 되다 보니 남의 복지를 챙기기 어렵다'는 볼멘소리가 나오는 이유이다.

이주민 복지의 사각지대

럭스미의 남편은 한국어가 서투르다. 그래서 럭스미는 남편이 한국말을 배울 수 있는 곳을 알아보기 위해 부지런히

주민센터를 드나들었다고 한다. 그런데 이주민이 밀집해 사는 동네에 정작 그런 교육 프로그램이 없다는 걸 알고 실망했다. "다른 지역이라도 안내해 주면 찾아갔을 텐데 아무 얘기가 없었다"며 아쉬워했다.

행정기관으로부터 홀대를 받는 원인 중 하나는 거주민의 상당수가 미등록 노동자이기 때문이기도 하다. 이들은 실제 거주 인구에 잡히지 않다 보니 주민센터는 사전에 예산을 편성하거나 사업을 벌이기 어렵다. 네팔 타운 문제도 실제 거주하는 가구 수가 일정 규모 이상이면 탄력을 받을 수 있지만, 현실적으로 드러나지 않는 사람들이 상당수여서 사실상 힘들다.

고용 기간이 끝났으나 네팔로 돌아가지 못하는 노동자들, 럭스미는 그들을 수시로 만난다. 10년 넘게 알고 지낸 사람이 어느 날 갑자기 강제 추방 당하는 일도 무수히 겪었다. 돕고 싶었으나 어쩔 수 없는 일도 비일비재했다. 네팔 사람으로 살다가 한국인으로 귀화한 럭스미는 이러한 현실에 대해 "양쪽 모두에게 큰 손실"이라고 말한다.

"미등록자들은 자꾸 생길 수밖에 없어요. 어떤 공장이 마음에 들지 않으면 옮길 수밖에 없잖아요. 그걸 법으로 막고 금지하면 오갈 데 없는 사람이 미등록이 되는 거죠. 같은 회사에서 10년 넘게 일한 노동자를 법적으로 보호할 수 있는 제도가 생겼으면 좋겠어요. 노동자를 쫓아내면 사업주도 힘들어요. 우리 식당 주방장이 10년 넘게 일하고 있어요. 그런데 이 친구가 어느 날 나간다고 하면 솔직히 전 두려워요. 사업주 입장에서는 언제 이걸 또 가르쳐서 숙련 노동자로 만드나, 머리가 아픈 거죠."

노동자로 시작해 사장이 된 럭스미, 그는 식당 노동자를 어떻게 대우할까. 그에 따르면 어려웠던 시절을 생각해 숙식을 제공하고 일주일에 하루 휴식을 보장한다고 했다. 월급은 주방장 140만 원, 보조는 120만 원으로 많지도 적지도 않은 수준이다. 다른 식당과 조금 차이가 있다면 사장이 직접 주방에 들어가 설거지까지 한다는 점이다.

"저는 새로운 사람을 계속 데려오는 것보다 이미 들어온 사람이 잘 머물 수 있도록 하는 제도가 필요하다고 봐요. 지금 고용허가제에서도 4년 10개월 일하고 들어갔다가 다시 나올 수 있는 제도가 있는데 이 친구들은 혹시 나오지 못할까 두려운 거예요. 그러니까 미등록으로 남는 애들이 생기는 거죠. 출입국사무소에서 한번 단속 뜨면 동대문 분위기는 꽁꽁 얼어붙고 그런 일이 계속 일어나요."

럭스미는 동대문을 '제2의 고향'이라고 말한다. 이곳에서 겪은 일들이 마냥 행복했던 것은 아니지만 그래도 오늘을 있게 한 인연에 감사한다고 했다. 뿌자 식당 입구엔 부처님 그림이 걸려 있고 그 아래 물그릇 7개가 놓인 제단이 보인다. 럭스미는 식당을 드나들 때마다 '세상에서 가장 깨끗한 7군데 물'로 육신의 잡티를 제거하고 거울 앞에서 합장한다. 뒤에서 보면 마치 성지 순례를 떠나는 종교인처럼 경건하다.

4장

끝나지 않은 싸움들

다시 말해 주세요

Pheri-bha-nuhos

(페리 바누호스)

2016년 7월 28일 헌법재판소는 국적법 제5조 제3호에 대해 합헌 결정을 했다. '품행 미단정'을 이유로 귀화를 불허할 수 있도록 규정한 법 조항이 대한민국 헌법에 위배되지 않는다는 판단이었다. 이 사건의 헌법 소원 청구인 라마다와파상(한국명 민수) 씨는 네팔 출신 티베트인으로 박범신 장편소설 『나마스테』의 실제 주인공으로 알려져 있다.

1997년 입국한 민수 씨는 2006년 한국인과 혼인신고를 하고 3명의 자녀를 두었으며 결혼 이민(F-6) 자격으로 한국에 살고 있다. 그는 2013년 귀화를 신청해 서류 심사와 면접 심사까지 통과했지만 법무부는 2014년 '품행이 단정하지 않다'는 이유로 귀화를 불허했다. 민수 씨가 2011년 명동 재개발 과정에서 강제 철거를 막다 벌금 500만 원 확정 판결을 받았던 사실을 문제 삼은 것이다.

사건 발생 당시 민수 씨는 식당 '포탈라'를 운영하고 있었다. 세입자 보호 대책이 부실한 상황에서 가족의 생계가 걸린 가게를 지키려 했던 민수 씨의 행동은 일종의 생존권 투쟁에 해당한다. 그러나 그는 행정소송 패소, 위헌 법률 심판 제청 기각, 헌법 소원 합헌 결정 등으로 연이어 눈물을 삼켰다. 천주교인권위원회는 유현석 공익 소송 기금으로 민수 씨의 소송을 지원했으나 한국 사법부의 판결을 되돌리지는 못했다.

'품행 미단정' 귀화 불허자 민수 씨

민수 씨는 법무부 결정에 대한 아쉬움을 길게 털어놓았다. 한국에서 장사를 하면서 꼬박꼬박 세금까지 냈는데, '품행이 단정하지 않다'는 석연치 않은 이유로 귀화를 불허한 것이 공정하지 않다는 주장이다. 그는 "지금 명동 재개발 상황이 다시 오더라도 싸우지 않을 수 없을 것"이라고 말한다.

"저는 아이가 셋이고 장애가 있는 장모님을 모시고 삽니다. 힘들게 버티는 자영업자가 어느 날 갑자기 재개발이라는 벽에 부딪힌 거죠. 하루아침에 그곳에서 나가라고 하는데, 그러면 아이 아빠로서 당연히 저항할 수 있는 거잖아요. 이걸 공무 집행 방해, 집회 및 시위에 관한 법률, 폭력 행위까지 걸어서 '품행 미단정'이라는 딱지를 붙인 겁니다."

법원의 최종 판결은 벌금 500만 원이다. 그는 예상보다 많은 벌금이 나온 것에 대해서도 불만이 많다. 사법부가 외국인에 대해 차별적인 결정을 내렸다는 주장이다. 강제 철거 과정에서 자신도 상처를 입었는데, 그런 부분은 충분히 반영되지 않았다고 말한다.

"임신한 아내를 용역이 발로 차고 저도 두들겨 맞았어요. 그때까지 '한국은 대통령도 감옥에 보내는 나라'라고 이상적으로 생각했는데 착각이었어요. 제 아이들이 한국 국적을 갖고 있다는 사실도 부끄러웠어요. 그런데 그 뒤로 저를 위해 6,700여 명이 탄원서를 써주고, 시민들이 돈을 모아서 벌금도 내주고 그랬어요. 저는 그 고마움을 잊을 수 없어서 네팔 지진 때 현지에 대한민국 태극기를 들고 가서 열심히 구호 활동을 했습니다."

민수 씨는 1997년 한국에 오기 전 네팔에서 그저 놀기 바빴다고 한다. 부모님의 카펫 공장을 거들다가 미국으로 가기 위해 잠시 한국에 머물게 되면서 불법 체류자가 되었다. 한국에서도 특별한 직업 없이 놀다가 '여기 있으면 월드컵 경기 구경도 할 수 있겠다' 싶어서 눌러앉았다. 그는 네팔에서도 소문난 축구광이었는데, 정작 2002년 월드컵 때는 '불법 체류자 집중 단속 기간'이어서 숨어 지냈다고 한다.

"그때는 동대문 쪽 단속이 아주 심해서 경기도 수원에서 건설 현장 일용직으로 일했어요. 작업장이 수원 월드컵 경기장 근처였는데 거기서 "와" 하는 소리가 다 들렸어요. 바로 앞에서 월드컵 경기가 열리는데 저는 가지도 못하고 벽돌을 날랐지요. 그래도 새벽에 거리로 나와 '대~한민국'을 외치고 그랬어요."

민수 씨는 동대문으로 오기 3년쯤 전에 서울 외곽을 떠돌았다. 미등록 신분이라 단속을 피하기 위한 고육지책이었다. 공책 공장, 미나리 농장, 공사판을 전전하다 향신료를 사기 위해 동대문에 처음 들렀다. 우연한 방문이었는데 동대문에 네팔 사람들이 여기저기 모여 있어서 고향에 온 것처럼 금방 정이 들었다고 한다. 그때부터 주말마다 찾아와 술 마시고 얘기하다가 일터로 돌아갔다.

"다른 곳에서는 네팔 향신료를 구할 수가 없었어요. 유일하게 동대문에 가면 아는 사람이 있고 향신료를 살 수 있었죠. 그러니까 동대문이 쇼핑 장소이자 만남의 공간이 된 거죠. 또 그때는 미등록 노동자들이 많았는데, 동대문 봉제 공장에서는 잠까지 잘 수 있으니 많이 몰렸지요."

민수 씨도 봉제 공장에서 동대문 생활을 시작했다. 잠잘 곳이 없으면 재단판 위나 바닥에서 눈을 붙이던 시절, 그는 고단한 네팔 청년들과의 추억을 또렷이 기억한다. 단속을 피해 숨어 다니면서도 누구네 집으로 네팔 음식이 도착했다고 하면 귀신같이 알고 모였다고 한다.

"네팔에서 반찬이 조금 왔다는 소문은 순식간에 퍼졌어요. 그러면 재빨리 그 집에 가서 비닐에 한 스푼 받아 왔어요. 한 스푼 가져와서 그걸 만족해하고, '와이와이'라고 하는 네팔 라면을 부스러기로 만들어서 소주 안주로 먹었어요. 네팔 전통 음식을 해보겠다고 수수 가루를 뜨겁게 해서 덩어리처럼 먹기도 하고요. 그때는 네팔에서 뭐가 왔다는 사실 그 자체가 반가웠어요."

'동대문 한 번 가 보자'는 심리에 관하여

주말마다 동대문 골목은 네팔인들로 북적거린다. 그러나 지금껏 문제가 될 만한 사건 사고는 거의 없었다. 그것도 나름 네팔 공동체의 장점으로 치켜세울 만하지만, 민수 씨는 고개를 젓는다. 네팔인들이 거리에 아무리 많아도 그들은 여전히 '이방인'으로 행동한다는 설명이다.

"그들은 지금 타국에 와 있어요. 어쨌든 돈을 벌어야 하는 나라에 있는 겁니다. 네팔에서 한 달 열심히 일하면 많아야 10만 원 정도인데, 여기서는 10배 넘게 벌 수 있어요. 그래서 여기서는 조용히 그리고 좋게 지내려고 노력하는 거죠. 물론 네팔 사람들 성격 좋다는 건 다들 인정해요."

네팔인들의 놀이 문화에 대해서도 민수 씨는 해외 거주자 관점에서 설명했다. 네팔뿐만 아니라 다른 나라 사람들도 외국에서 살면 자기 나라의 정체성을 찾기 위해 공동체를 만들고 자기들끼리 잘 어울린다는 분석이다. 그에 따르면 네팔은 민족, 지역, 종교, 계급 등이 복잡해서 공동체가 상대적으로 많다고 한다.

"네팔은 넓게 퍼져 있는 나라입니다. 한국 사람들에게는 다 같은 네팔이지만 실제 네팔에 가면 각자 다른 곳에 살아요. 구석구석 한 번도 가 본 적 없는 동네 사람들이 여기 와서 모여 사는 거예요. 그러니까 추석이나 설날, 유명한 가수나 코미디언이 온다고 하면 다 같이 모이는 거죠. 네팔에서는 카트만두 아니면 그런 연예인을 볼 수가 없으니까요. 네팔에서 자주 듣던 노래를 부르는 가수가 직접 온다고 하면, 제 월급의 1-2퍼센트 정도 하는 표를 살 수도 있는 거죠."

민수 씨는 네팔인들이 동대문에 모이는 이유가 하나 더 있다고 말한다. 바로 자기 정체성의 표출이다. 그에 따르면 전라도, 충청도, 경상도에서 일하더라도 명절이 되면 '동대문 한 번 가 보자'는 심리가 발동한다는 것이다.

"동대문에 엄청난 뭔가가 있는 줄 아는데 사실상 없잖아요. 그냥 가게들이 있죠. 그런데 여기 오면 네팔 사람들이 많아요. 바로 그 재미로 오죠. 여기서 자기 나라의 언어를 마음껏 쓰는 거예요. 한 공장에 네팔 사람이 많아 봐야 서너 명이고 대부분은 한 명입니다. 그러니 얼마나 네팔 말을 쓰고 싶겠어요? 얼마나 자기 나라 음식을 먹고 싶겠어요? 이런 사람들이 모여서 한을 풀고 가는 거죠. 어떤 사람들은 5일 휴가에 4일은 잠도 안 자고 계속 술만 마셔요."

"내 조국 티베트를 알리고 싶었어요."

민수 씨는 네팔에서 태어났지만 그의 부모는 티베트 출신이다. 그래서 티베트 국민이 겪는 굴곡의 역사가 그에게는 아픈 상처다. 2008년 티베트 유혈 사태 당시 베이징 올림픽을 기념하는 성화가 한국에 도착하자 그는 티베트 상황을 알리는 시위를 벌이고 중국 대사관 앞에서 기자회견을 열었다. 그때 생각한 것이 티베트 음식점이었다.

"한국에서 묵묵히 티베트를 알리고 싶었어요. 그래서 음식, 음악, 인테리어, 이 모든 것을 티베트식으로 꾸미고 식당 이름도 티베트의 포탈라 궁을 따서 지었어요. 사람들이 포탈라를 검색하면, 거기서부터 티베트를 알게 되잖아요. 인도, 네팔, 티베트 요리가 비슷해서 주방장 한 사람이 다 할 수 있어요. 한국으로 치면 김밥천국 생각하면 돼요."

네팔 이주민 사이에서 민수 씨는 성공한 사업가로 불린다. 서울 도심인 명동과 종로에서 식당을 운영하다 보니 적지 않은 시샘도 따라붙는다. 하지만 그는 여기까지 오는 길에 시련이 많았다고 한다. 빌린 돈 다 갚고 나면 실제 가진 재산이 많지 않다며 고충을 털어놓는다.

"외국인이 4000-5000만 원을 빌려서 어렵게 가게를 열었는데, 그 가게가 재개발 지역으로 묶여 시행사한테 넘어가게 됐다고 생각해 보세요. 그 시행사가 보증금만 받고 나가라고 하면 그냥 물러날 사람이 어디 있겠어요. 정당한 보상을 요구하니까 명동 한복판에 깡패들 수백 명이 들어오더라고요. 가게 앞은 화재가 발생하고 저는 뇌수막염으로 쓰러지고 그랬어요."

민수 씨는 끈질기게 싸웠고 협상 테이블에서 보상을 받았다. 시행사가 적지 않은 돈을 지급한 것은 사실이나 민수 씨는 그것도 공정하지 않다고 주장한다. 시행사가 마음대로 인테리어 비용을 계산하고 세입자가 수년간 고생하면서 만든 상권의 가치를 지불하지 않았다는 것이다. 그에 따르면 명동과 종로 가게 모두 동업이고 개인 지분은 50퍼센트 정도란다.

억울한 사람이 벌 받지 않는 세상을…

자신이 몸소 겪은 혹독한 경험 탓인지 민수 씨는 어려운 사람들에게 관심이 많다. 그는 일과 중 많은 시간을 네팔인들의 고충을 듣고 여기저기 연락해 도움을 청하는 일에 쓴다. 요즘에는 한국과 네팔 사이를 오가는 중매인 문제에 관심이 많다. 갈수록 피해가 늘고 있기 때문이다.

"한 네팔 여성이 한국 남성과 중매인을 통해 결혼했어요. 그 여성에게는 네팔 남자 친구가 있었고요. 한국 남성이 네팔로 가서 결혼 절차를 밟는 사이, 네팔 여성에게 아이가 생긴 거예요. 네팔에서는 여성이 아이를 낳게 되자 한국으로 가라 했고, 한국 남성은 '이 아이가 내 아이냐'며 의심한 거죠. 결국 DNA 검사까지 해서 네팔 남성의 아이라는 게 드러난 거예요."

한국 남성은 즉시 혼인을 취소했다. 네팔 여성은 결혼 사기로 신고될 뻔했지만 외국인 여성센터의 도움으로 겨우 입건을 면했다. 네팔 여성은 한국 땅에서 홀로 아이를 키워야 했다. 분유 값도 마련하기 힘든 여성이 어렵사리 몇 다리 건너 민수 씨에게 연결되었다.

"아이는 무국적이고, 출생 증명서에는 엄마 이름만 있고 아빠 이름이 없었어요. 우선 대사관에 도움을 청하고, 여기저기 후원을 받아서 6개월 된 아기를 비행기 태워서 외할아버지에게 보냈어요. 그 여성은 여기서 살겠다고 해서 일자리를 알아보았어요. 그런데 엄마와 아기를 떼놓는 것이 잘한 일인지 마음이 무겁습니다. 죄 받는 일을 한 건 아닌지…."

한국에서 네팔인이 급증한 이유는 2004년 도입된 고용허가제 때문이다. 이른바 E-9 비자로 대표되는 이 제도를 두고 한국 정부와 이주 인권 단체의 시각은 극단적으로 갈린다. 정부는 노동력 부족을 해소할 수 있는 합법적 시스템으로 보지만, 이주 인권 단체는 이주 노동자를 억압하는 정책이라고 비판한다. 민수 씨 생각은 후자에 가깝다.

"사실 E-9 비자는 외국인을 착취하는 제도에요. 타국에서 온 노동자들이 일하다가 사장과 마찰이 생겨 그곳을 나오게 되면 갈 데가 없어요. 법으로는 세 번 옮길 수 있는데, 옮기는 과정에서 머물 곳이 마땅치 않고 새로운 일자리 구하기도 쉽지 않아요. 그러다 보면 규정 어기고 미등록자가 되는 거죠."

민수 씨는 이주 노동자를 바라보는 한국 사회의 부정적 시각에 대해서도 목소리를 낸다. 이주 노동자가 한국인 일자리를 빼앗는다는 일부 보수 단체의 주장과 관련하여, 한국 사회가 이를 냉정하게 바라볼 필요가 있다고 말한다. 한국인들이 3D 업종을 기피하면서 그 자리에 이주 노동자가 들어왔기 때문에 그들은 정당한 권리를 누릴 자격이 있다는 의견이다.

"지금 한국에 이주 노동자가 왜 들어와 있는지가 매우 중요합니다. 이걸 무시하고 '외국인이 와서 우리 일자리를 빼앗는다' 하는 말은 맞지 않는 것 같아요. 한국은 자원이 없는 나라인데, 경제 버팀목은 수출이잖아요. 그 수출품들을 누가 만드는지 알면 그런 얘기하기 어려울 겁니다. 저는 불법 체류를 지지하는 건 아니지만, 앞으로 보다 좋은 시스템을 만들고 안 만들고는 한국 정부에 달려 있다고 생각해요."

민수 씨는 아이가 셋이다. 초등학교 3학년 딸과 곧 학교에 들어갈 아들 둘이 있다. 그는 한국인이 되지 못했지만, 아이들은 한국 국적으로 살아간다. 그는 자녀들이 자신처럼 억울한 일을 당하지 않으면 좋겠다고 말한다. 힘이 센 사람이든 돈이 많은 사람이든, 잘못한 사람은 벌을 받는 세상이 되면 좋겠다고 말한다. 자신이 겪은 이야기는 훗날 책으로 펴내고 싶다고 했다.

최초의 합법적 이주 노조 위원장, 우다야 씨

2016년 9월 25일 일요일 오후, 경찰이 쏜 물대포를 맞고 1년 가까이 혼수상태에 빠졌던 백남기 농민이 사망했다. 경찰은 사인 규명을 위해 부검이 필요하다는 방침을 정하고 세부 계획을 검토했다. 반면 1년 전 백남기 농민이 쓰러졌을 때부터 '국가 폭력'으로 규정한 대책위 관계자는 서울대병원 장례식장에 집결했다. 시민들도 고인의 강제 부검을 막기 위해 몰려들었다.

고인의 빈소는 3층 복도 끝 1호실에 마련됐다. 조문 행렬이 출입구 바깥까지 길게 늘어선 가운데 낯익은 얼굴들이 계속 나타났다. 이주 노동조합 위원장 우다야 라이(46세) 씨도 그 가운데 있었다. 그는 혼자서 빈소를 찾아 묵념하고 밖으로 나갔다. 평소 밝은 표정인 그의 얼굴이 그날은 유독 어두웠다. 그는 아무 말도 하지 않고 장례식장을 떠났다.

"노조 사무실에 혼자 있을 때 돌아가셨다는 소식을 들었어요. 그래서 빨리 병원으로 갔어요. 마음이 좋지 않더라고요. 정부도 자기 입장이 있겠지만, 농민들이 목소리 낸다고 탄압한 거잖아요. 힘든 사람들이 자기 주장을 하는 건 기본적인 권리인데, 정부가

–

네팔 상점. 어떤 이들은 매달 가족에게 필요한 물건을 골라
네팔로 택배를 붙이는 것이 유일한 즐거움이다.

너무하다고 생각했어요."

한국에서 이주 노조가 법적 지위를 얻기까지 피눈물 나는 투쟁이 있었다. 2005년 4월, 이주 노동자 91명이 노동조합을 결성했으나 서울지방고용노동청은 일부 조합원이 '불법 체류자' 신분이라는 이유로 반려했다. 이주 노조는 이에 불복하고 소송을 제기해 1심에서 승소했으나 항소심에서 패소했다. 무려 8년이나 걸린 대법원 상고심 선고는 2015년 6월 25일에 있었다.

'미등록 외국인 노동자도 노동조합에 가입할 수 있다'는 이 판결을 받기 위해 한국의 이주 노동자들은 10년 넘게 싸웠다. 이 싸움을 시작한 노동자의 상당수는 이미 한국을 떠났다. 외롭게 노동조합 깃발을 지킨 위원장들은 차례대로 강제 추방을 당했다. 역사적인 대법원 판결로 우다야 씨는 한국 최초의 합법적 이주 노조 위원장이 되었다.

우다야 위원장에 따르면, 2016년 12월 기준 한국 이주 노조 조합원은 1,200명이 조금 넘는 수준이다. 아직까지 조합원 수가 적지만 노조 설립의 의미는 상당하다. 한국의 산업구조와 인구 추이를 볼 때 향후 이주 노동자 수는 계속 늘어날 것이기 때문이다. 이주 노조는 사업장 단위를 초월해 가입할 수 있고, 체류 자격 여부와 무관하다는 점에서 일정한 조건이 형성되면 조합원이 급증할 수 있다.

조합원 1,200여 명 중 네팔인이 무려 400여 명으로 3분의 1을 차지한다. 이주 노조 초기부터 네팔 노동자들이 적극적으로 활동한 데다 네팔 특유의 끈끈한 공동체가 노동조합 조직으로 이어졌다. 네팔 국적을 갖고 있는 우다야 씨가 7개 지부를 가진 이주 노조의 유일한 상근자로 일하는 것도 이와 무관하지 않다.

이주 노조 위원장으로서 우다야 씨는 현실과 미래를 동시에 내다본다. 당장은 먹고사는 문제가 급하지만 장기적으로는 노동자의 기본적 권리 확보가 중요하다고 말한다. 그래서 동료들에게 열심히 돈 버는 것도 중요하지만, 이주 노동자들이 안정적으로 살 수 있는 환경을 고민해야 한다고 강조한다.

"노조가 합법화되었기 때문에 임금 체불 문제 등은 비교적 자유롭게 얘기할 수 있어요. 그러나 '우리에게 이런 권리가 있다' 그런 걸 말하기는 아직 힘들어요. 이주 노조가 존재하는 이유도 인간으로서, 노동자로서 기본적 권리를 인정받기 위한 거죠. 외국인이라고 해서 차별받으면 안 되는 거니까요. 그런데 그런 문제를 인식하고 활동하는 사람들은 노조에 얼마 없어요. 알면서도 모르는 척하는 사람이 있고, 진짜 모르는 사람도 있어요. 그러다 보니 조직이 잘 운영되지 않아요."

『전태일 평전』의 평화시장 노동자처럼

우다야 씨는 1991년 관광 비자로 처음 한국에 왔다.

네팔에서 법학을 공부하고 비정규직 노동자로 6개월쯤 일하다 한국행 비행기를 탔다. 네팔에 농사 일이 없진 않았지만 노는 날이 더 많아 노모와 6남매가 먹고살 길이 막막했다. 여기저기 떠돌다 1994년 2월 찾아든 곳이 동대문 봉제 공장이었다.

"그땐 동대문에 네팔 사람 다 합쳐서 50명도 안 됐어요. 대부분 봉제 공장에서 일하는 미등록 노동자들이었어요. 동대문은 일자리가 많아서 길거리에만 나가도 '한국에 뭐 하러 왔냐'고 묻고 데려가서 일을 시켰어요. 지금은 동대문 거리에 외국인이 많지만, 그때만 해도 외국인이 그리 많지 않았어요. 저도 그곳을 서성이다가 일하게 되었어요."

그는 동대문 봉제 공장의 보조였다. 재봉사가 일할 수 있도록 옷감을 다듬고 다리미질을 했다. 온종일 옷감에서 나오는 먼지를 마시고 일했다. 처음 들어간 공장은 3층이라 견딜 만했지만 나중엔 지하로 바뀌어서 숨이 막힐 지경이었다. 그는 마땅한 숙소를 구하지 못해 공장에서 자면서 일했다. 몸에서 먼지가 털리지 않아 여기저기 가려운 곳도 많았다.

"방 얻을 돈이 없어서 재단판 위에서 잤어요. 화장실에서 대충 씻고 밥도 시켜 먹고 하루 종일 밖으로 나가지 못한 적도 있어요. 아침 9시에 일을 시작하면 새벽 3시쯤 끝났어요. 하루 18시간, 그렇게 일했어요. 처음엔 밤 9시쯤 끝났는데 점점 늘어나더라고요. 제가 그렇게 일하니까 한국 사람도 늦게까지 일하게 됐어요. 그래서 한국 노동자들의 불만이 많아졌고 직원끼리 사이도 벌어지고 그랬어요."

그에 따르면 『전태일 평전』에 등장하는 1960년대 말 평화시장 노동자들의 장시간 노동이 1990년대 초까지 계속됐다. 그는 "1990년 중반까지 동대문 지역 봉제 공장이 대부분 그런 식이었고, 미등록 이주 노동자가 일하는 공장은 더 열악했다. 야간 수당도 없이 사장이 시키는 대로 밤낮으로 일했다"고 회고한다. 당시 우다야 씨의 월급이 40만 원, 그는 대부분을 네팔로 송금했다.

그는 한참 세월이 흘러 '전태일'이란 이름을 들었다고 한다. 직접 전태일 묘소가 있는 마석 모란공원도 가봤다. 한국에서 노동운동을 하는 사람들이 전태일 정신을 외치는 이유도 어렴풋이 알게 되었다.

"한국은 오로지 돈이잖아요."

우다야 씨는 1999년 말 산업연수생 신분으로 다시 한국에 왔다. 때마침 한국은 IMF 외환 위기를 서서히 극복하면서 문을 닫았던 공장에 기계가 돌아가기 시작했다. 그러나 한국인들은 노동조건이 열악한 3D 업종에 취업을 기피했고, 이주 노동자들이 그 자리를 메웠다.

우다야 씨는 경기도 고양의 소규모 가구 공장에 취업을 했다.

10시간 넘게 일하고 한 달에 50만 원을 받아 송금했다. 그러나 그는 가구 공장을 6개월 만에 그만두고 뛰쳐나왔다. 한국인 동료에게 수시로 폭행을 당해 견딜 수 없었다고 한다. 사장도 아닌, 동료 노동자에게 당한 피해라서 더 마음이 아팠다고 한다. 그들은 이름 대신 욕설로 불렀고, 말끝마다 '빨리빨리'를 외쳤다.

가구 공장 시절의 경험은 훗날 그가 이주 노조 일을 시작한 계기가 되었다. 대기업이 도입한 하청 시스템이 밑으로 가면서 소규모 공장 노동자의 삶을 어떻게 해치는지 그는 현장에서 몸으로 느꼈다. 공장에서 사장과 싸우는 것만으로는 이주 노동자의 삶의 질이 개선될 수 없다는 사실도 뼈저리게 깨달았다.

"삼성에서 직접 공장을 지으면 돈이 있으니까 근로조건도 좋겠죠. 대기업은 화학물질을 바깥에 드러나지 않게 할 수도 있어요. 그러나 가구 공장 사장들은 그럴 돈이 없어요. 납품 가격을 맞추려면 노동자 임금을 쥐어짤 수밖에 없어요. 그러니 갈수록 열악해지는 거예요. 결국 노동자의 삶의 질은 돈이 결정한다고 봐야 해요."

그는 틈나는 대로 다른 나라 이주 노동자의 처우에 대해서도 조사했다. 그 결과 한국이 임금수준에 비해 근로조건이 취약하다는 사실을 확인했다. 당장 돈이 급한 이주 노동자들은 한국을 선호하지만, 장기적으로는 한국이 뒤처질 수 있다는 의견도 제시한다.

"지금 사우디아라비아에 네팔 노동자가 엄청 많아요. 거기 월급

"창신동은 느낌이 참 좋아요. 서민들이 사는 동네고, 이주민이 일할 수 있는 곳이고. 저는 여기서 아내를 만나고 돈까지 벌었으니까 각별하지요. 내 인생의 3분의 1을 살았으니까요. 그런데 이런 곳이 재개발되면 우리 같은 사람들은 참 어려워져요. 한국은 집이 오래되면 다 부수고 새로 짓는데 그러면 돈 없는 사람들은 다 떠나야 해요. 서울에서 싼 값으로 이런 동네를 찾을 수가 없어요."

한국에서 최초의 합법적 이주노조 위원장으로 당선된 우다야 씨는 매사에 솔직하다. 경제적 이득을 얻었으니 고맙고, 선진국에 비해 이주 노동자를 보호하지 못하니 화가 난다고 했다. 임금 문제에 민감하면서도 정책에 무심한 이주 노동자들의 모습은 국적의 범주를 넘어선 일반적 현상일 듯하다.

2009년 용산 남일당이 불탔다. 이른바 '용산참사'로 철거민 4명과 경찰특공대 1명이 사망했다. 사고의 원인이 어디에 있느냐는 문제와 별개로, 누가 무엇을 위해 재개발을 밀어붙였느냐는 숙제가 남는다. 도심에 나날이 늘어 가는 빌딩 속에 숱한 눈물과 한숨이 검은 그림자로 남았다. 말하자면 이주 노동자들은 그림자의 그림자다.

이 400달러라면 한국은 1,200달러예요. 3배 차이가 나니까 당연히 한국으로 오죠. 그런데 사우디아라비아에서는 '머리가 조금 아프다고 하면 바로 병원으로 데려간대요. 기침만 해도 쉬라고 하고요. 한국에서는 상상할 수 없지요. 사우디아라비아에서 조금씩 벌다가 한국으로 온 노동자가 깜짝 놀라더라고요."

창신동,
내 삶을 바꿔 놓은 곳

공장에서 탈출한 그는 미등록 이주 노동자가 되었다. 공식적으로는 공장에 취업할 수 없으므로 숨어서 지낼 곳을 찾아다녔다. 당시엔 이주 노동자 밀집 지역마다 '토끼몰이'식 집중 단속이 벌어져 수시로 도망 다녀야 했다. 그래서 찾아간 곳이 또 창신2동 봉제 공장이었고 그는 아직도 창신3동 언덕배기에 산다.

2003년 그는 옆 공장에서 일하는 아내를 만났다. 아내도 우다야 씨처럼 봉제 공장에 다니고 있었다. 두 사람은 2005년 결혼했고, 우다야 씨는 2년 뒤 결혼 비자를 얻었다. 1991년 한국에 온 지 16년 만에 합법적인 이주민 자격을 취득한 것이다. 결국 동대문이 그의 삶을 극적으로 바꿔 놓았다.

"창신동은 느낌이 참 좋아요. 서민들이 사는 동네고, 이주민이 일할 수 있는 곳이에요. 저는 여기서 아내를 만났고 돈까지 벌었으니까 각별하지요. 내 인생의 3분의 1을 살았으니까요. 그런데 이런 곳이 재개발 되면 우리 같은 사람들은 살기 참 어려워져요. 한국은 집이 오래 되면 다 부수고 새로 짓는데 그러면 돈 없는 사람들은 다 떠나야 해요. 서울에서 싼 값으로 이런 동네를 찾을 수가 없어요."

그는 한때 서울시가 추진했던 창신동 재개발이 두려웠다고 고백한다. 재개발이 시작되면 집값이 올라가고 그렇게 되면 다른 곳으로 이사를 가야 하는데 이주 노동자들이 사실상 갈 곳이 마땅치 않다는 얘기다. 그는 '용산 참사'까지 거론하며 개발을 하더라도 가난한 사람들이 살아갈 수 있는 길을 만들어 주어야 한다고 강조한다.

"원주민들은 다 떠나야 하고 외부에서 돈 가진 사람들이 이곳을 차지하는 건 문제가 있지 않나 생각이 들어요. 우리도 만일 이곳을 뜬다면 멀리 의정부까지 가야 해요. 거기서 어렵게 일자리를 구하더라도 동대문에서처럼 살 수는 없어요. 여기 네팔 사람들이 그런 걸 걱정했는데, 다행히 재개발이 취소되고 도시재생 사업으로 바뀌었어요."

2004년 산업연수생 제도가 폐지되고 고용허가제가 도입됐다. 산업연수생 시절엔 고용허가제가 그나마 나은 시스템이라고 여겼으나, 막상 그 제도가 시행되자 수많은 문제점이 드러났다. 우다야 씨는 2009년 이주 노조에 정식 가입하면서 여러 문제를 피부로 실감하게 되었다.

"법적으로 이주 노동자들은 3년 동안 직장을 3번 옮길 수 있는데, 이게 현실에서 마음대로 되지 않습니다. 회사가 없어지거나 사용자가 근로조건을 위반해야만 가능하거든요. 이주 노동자와 사용자 사이가 나쁘거나 근로조건이 열악할 때 노동자에겐 선택권이 없어요. 또 3년 계약이 끝나면 사용자 동의가 있어야만 체류기간 연장이 가능해요."

우다야 씨가 처음 동대문을 찾은 지 25년이 지났다. 그 사이 동대문은 어떻게 달라졌을까? 그의 눈엔 사람들이 조금 많아지고 새 건물이 들어섰을 뿐 크게 바뀐 건 없다고 한다. 다만 네팔 사람들을 대하는 한국 상인들의 태도는 몰라볼 정도로 좋아졌다고 말한다.

"이주 노동자들에게 의지해서 운영하는 가게가 많잖아요. 예전엔 정말 험한 욕도 많이 들었지만 지금은 미등록 이주 노동자가 잡혀가기라도 하면 손님이 확 줄어드니까 오히려 상인들이 더 단속을 걱정해요. 옛날엔 상상도 못했는데 요즘은 외상도 줘요. 돈이 없다고 하니까 50만 원까지 외상을 줬어요. 예전엔 미용실 같은 데서 눈치도 보고 그랬는데 지금은 그냥 아무렇지도 않아요."

우다야 씨는 25년 사이 한국인의 외국인 차별 의식이 크게 개선되었다고 말한다. 그러나 이주 노동자에게 정말 중요한 권리에 대해서는 아직 미흡하다고 생각한다.

그에 따르면 "한국인들은 이주 노동자들을 불쌍하게 여겨 어깨동무를 해주지만, 막상 평등권이나 노동권을 얘기하면 불편한 감정을 드러낸다"는 것이다. 이주 노동자들이 한국 노동자와 함께 노동자의 권리를 외치는 세상, 우다야 씨는 그런 날을 기다리며 살아간다.

5장

동대문 이주 노동자의 민낯

아픈 것 같아요…

Malai-sancho-chhai-na

(말라이 산쪼 채나)

1990년 12월 18일, 유엔은 「모든 이주 노동자와 그 가족에 대한 권리 보호에 관한 국제 협약」을 채택하고 이에 기초해 매년 12월 18일을 '세계 이주민의 날'로 지정하였다. 국내외 이주 노동 단체는 그동안 수차례 한국 정부에 국제 협약 비준을 권고했으나 한국은 수용하지 않았다. 2016년까지 47개국이 협약에 서명했음에도 요지부동이다.

2016년 12월 18일, 민주노총과 이주 노조 등 관련 단체들은 서울 광화문광장 이순신 동상 앞에서 '2016 이주 노동자 대회'를 개최했다. 주말마다 대통령 탄핵 촛불 집회가 열리는 장소이자, 세월호 참사 진상 규명을 외치는 시민들이 2년 넘게 노숙 농성을 벌이는 곳에서 이주 노동자들이 노동 탄압과 인종 차별을 비판하고 있었다.

현장에 나온 노동자 중에는 농촌 지역에서 일하는 여성 노동자들이 여럿 보였다. 이들은 제조업 노동자들이 그나마 보호받고 있는 근로기준법 적용 대상에서 제외돼 대표적인 이주 노동 사각지대에서 살아가고 있다. 교통이 불편한 시골에서 일하는 데다 농촌 사회의 보수적 성향까지 겹쳐 피해가 더 크다는 국가인권위원회 실태 조사 결과도 공개된 바 있다. 경기도 안산에서 이주 노동자 쉼터 '지구인의 정류장'을 운영 중인 김이찬 대표는 "월급 압수에 성폭행까지 비일비재하다"고 말했다.

비닐하우스 여성 노동자의 항변

머지나(29세·가명)와 니라미(20세·가명)는 경기도 양주시 가남리 인근 비닐하우스 농장에서 4개월간 일하다 동대문으로 왔다. 추운 나라인 네팔 출신 20대 여성은 유난히도 뜨거웠던 2016년 여름, 비지땀을 흘리며 오이와 호박 농사를 지었다. 비닐하우스는 모두 33개, 이곳에서 일했던 이주 노동자는 베트남인 2명, 네팔인 2명이었다.

농장에 처음 들어갈 때 136만 원을 받기로 계약했다. 이것은 아침 6시부터 쉬는 시간 빼고 꼬박 12시간을 일했을 때 시간외

수당을 포함한 월급 총액이었다. 그러나 농장주는 월급에서 14만 4,000원을 빼고 121만 6,000원만 지급했다. 두 사람의 4개월치 시간외수당을 계약서대로 주지 않은 것이다. 노동자들이 불만을 표시하면 "공장에서 나갈 때 한 번에 주겠다"고 말했다. 명백히 부당한 갑의 횡포였으나 노동자들은 다른 직장을 알아볼 길이 막막해 참고 지냈다.

그러다 머지나의 몸에 탈이 생겼다. 20대 여성이 하루 12시간씩 비닐하우스에서 쭈그리고 앉아 일하다 보니 온몸이 쑤시기 시작했고 결국 쓰러진 것이다. 머지나는 농장주에게 병원에 데려다 달라고 요청했으나, 농장주는 들은 척 만 척 했다. 농장주의 부인은 도리어 화를 내며 반대했다고 한다.

농장엔 텔레비전도 없고 와이파이도 없었다. 노동자들은 수용소나 다름없는 컨테이너 박스에서 잠을 자고 해가 뜨면 비닐하우스에 들어갔다. 전화기도 후불식 충전이어서 배터리를 채우려면 먼 길을 걸어가야 하는데, 밤길은 위험하고 길도 잘 몰라 선뜻 나서기 어려웠다. 노동자들은 시내 나갈 때 데려다 달라고 부탁했지만 농장주는 이마저도 거절했다.

"너무 아파서 얼굴이 붓고, 온몸엔 파스를 붙였어요. 그런데도 병원에 한 번도 데려가 주지 않았어요. 도저히 견딜 수 없어서 어렵게 양주 쪽에 사는 네팔 친구에게 연락했는데 그 친구가 전화해서 네팔어 통역사를 불렀어요. 통역하는 분도 우리 얘기 듣고 같이 울었어요."

한때 "사장님, 나빠요"라는 말이 유행어였다. 스리랑카 이주 노동자 '블랑카'가 겪은 한국 생활이 주요 소재였다. 한국어를 몰라 오해를 키우는 장면이 시청자들에게 웃음의 효과로 작용했다. '다르다'는 이유로 부당한 차별을 감수하는 모습에서 '역지사지'를 새기는 기회도 됐다. 다문화 이면에 따라붙는 '문화적 폭력'은 요즘도 대중매체에 차고 넘친다.

언제부터인가 이주민 쉼터에 들를 때마다 가방에 주목한다. 항상 떠날 준비가 되어 있는 대형 트렁크는 목적지를 정하지 못한 간이 정류소의 승객을 연상시킨다. 더 아픈 사람이 상처를 내밀면 덜 아픈 사람이 보듬고 감싸는 것이 이 정류소가 유지되는 관성이다. 곪아 터진 속을 털어놓는 것만으로도 위로가 되는 그들이다.

"지금도 사모님이 따라오는 꿈을 꿔요. 언제 뒤에서 나타나 소리를 지를까 무서워요. 배가 아파서 급한 데도 화장실에 못 가게 해요. 쉬는 시간에 물 한잔 마실 시간도 안 줬어요. 사모님 행동을 생각할수록 화가 나요. 지옥에서 빠져나온 것 같아요."

아는 사람 하나 없는 벌판에서 노동자들은 가족에게 전화도 할 수 없는 고립 상태로 지냈다. 밤에 화장실에 가려면 컨테이너 박스에서 나와 들판으로 가야 했다. 벌레가 돌아다니는 공터에서 바지를 내리고 용변을 보기도 했다. 방이 춥다고 해도 전기장판 말고는 주지 않다가 머지나가 2-3일 아파서 일을 나가지 못하니까 그제야 이불을 넣어 주었다고 한다.

네팔어 통역사는 두 노동자에게 휴대폰을 충전해 주고 현장 상황을 자세히 기록하라고 안내했다. 이때부터 노동자들은 휴대폰 배터리를 아껴 가며 농장주와 농장주의 부인을 촬영했다. 그들의 휴대폰에 저장된 영상 파일에서 노동자는 사람대접을 받지 못하는 머슴처럼 보였다. 삿대질과 욕설은 기본이고 노동자가 울면서 매달려도 농장주는 반응하지 않았다.

특이한 것은 통역사가 다녀간 뒤 농장주와 그 부인도 노동자를 감시하기 시작한 점이다. 노동자가 항의할 때마다 그들도 휴대폰 영상을 보여 주며 너희들 신고해서 귀국시키겠다고 위협했다. 심지어 화장실 가는 모습까지 찍으며 너무 자주 간다고 타박했다.

노동자들은 일요일도 쉬지 못했다. 계약서에는 한 달에 두 번 쉰다고 돼 있지만 현실은 달랐다. 한번은 일요일에 일이 없자 농장주가 노동자들을 다른 비닐하우스로 보냈다. 이 또한 불법 파견 근로였지만 노동자들은 그걸 알지 못했다. 일요일에 일하면 특근수당을 받을 수 있다는 사실도 그들은 알지 못했다.

먹는 것도 부실했다. 처음 한 달은 쌀 20킬로그램을 사주었지만 그 다음 달부터는 주지 않았다. 아침은 굶고 점심은 집에 와서 해 먹는데 몸이 피곤하다 보니 거르기 일쑤였다. 밥을 먹으려면 반찬도 만들어야 하는데 온몸이 쑤시다 보니 대충 떼우는 식이었다. 몸이 축나다 보니 작업도 부실했고 그럴 때마다 참기 힘든 상황이 벌어졌다.

"사모님이 호박에 기스 난다고 살짝 만지라고 소리를 치면서 우리 피부에 호박 잎을 갖다가 막 문질렀어요. 장갑을 사달라고 했는데 그것도 안 된다고 했어요."

이들은 E-9 비자로 입국한 고용허가제 노동자다. 농축산업 노동의 경우, 근로조건의 특수성을 이유로 근로기준법 적용 대상에서 제외된다. 최근 농업 분야의 노동 양태가 변화하면서 사실상 제조업과 별 차이가 없음에도 법률의 예외적 판단 규정은 굳건하다. 그러다 보니 이주 노동자들이 버섯 농장처럼 제조업 공정과 유사한 업종을 선호하는 경향도 나타났다.

농축산업 노동자들은 네팔 현지에서 기초 교육을 받고, 한국에 들어온 뒤 농협에서 진행하는 실무 교육을 이수한다. 그럼에도 이들은 장차 자신들이 어떤 환경에서 일하게 될지 자세히 알지 못한다. 한국의 농기구나 농작물을 구경하는 것과 농촌 생활을 실제로 이해하는 것은 차원이 다른 데도 그들은 그림과 설명으로만 농촌을 보고 현장에 투입된다.

노동자에게 일방적으로 불리한 계약

결국 머지나와 니라미는 36개월을 계약했으나 4개월을 채우지 못했다. 그만두고 싶다고 하자 농장주는 미지급 수당을 주지 않겠다고 했다. 농장주는 "내가 동의서를 써주지 않으면 너희들은 불법 체류자가 된다"고 협박했다. 노동자들이 받아야 할 노동의 대가가 어느새 사업장 이동을 허가하는 뒷돈으로 둔갑한 것이다. 한국인 노동자에게라면 말도 안 되는 폭력에 해당하지만, 사업장 이동 제한이 따르는 이주 노동자들은 이 독소 조항 때문에 저항하지 못하는 경우가 많다.

무엇보다 두 여성 노동자는 심신이 지친 상태였다. 돈을 받지 못하더라도 병원에 다니면서 일할 수 있는 곳을 알아보는 것이 중요했다. 4개월 동안 외출 한 번 못하다 보니 머리가 멍해지면서 기억력까지 떨어졌다고 했다. 농장에서 나오기 직전에는 손이 마음대로 움직이지 않을 정도로 아팠는데, 그때도 농장주의 부인은 사납게 호통을 쳤다고 한다.

"지금도 사모님이 따라오는 꿈을 꿔요. 언제 뒤에서 나타나 소리를 지를까 무서워요. 배가 아파서 급한 데도 화장실에 못 가게 했어요. 쉬는 시간에 물 한잔 마실 시간도 안 줬어요. 사모님 행동을 생각할수록 화가 나요. 지옥에서 빠져나온 것 같아요."

결국 노동자들은 밀린 수당을 받지 않겠다는 각서를 썼다. 그러자 농장주도 사업장 이동 동의서를 써주었다. 노동자들이 그렇게 돌려 달라고 애원했던 외국인등록증도 농장에서 나가는 날 비로소 내주었다. 두 사람의 4개월치 시간외수당은 114만 2,000원이다.

농장주에게 전하고 싶은 말을 물었다. 두 사람 모두 농장주보다 그 부인에게 하고 싶은 말이 많다고 했다.

"우리는 기계가 아니라 사람이에요. 다음에 들어오는 사람한테는 우리에게 했던 것처럼 하지 않으면 좋겠어요. 상대가 힘들어하는 심정을 좀 알아주고 아무리 외국에서 왔다 하더라도 인정할 건 인정해 주고 그랬으면 좋겠어요."

이주 노동의 사각지대

동대문에서 네팔 식당을 운영하는 럭스미는 네팔 여성들이 성폭행에 취약하다고 우려한다. 그에 따르면 특히 농촌 지역에서 일하는 노동자들이 위험한데, 피해 여성들이 정확한 내용을 신고하지 않아 파악하기 어렵다고 말한다.

최근까지 동대문에서 일한 여성 노동자 A씨는 끔찍한 일을 겪었다. 그는 3년 전 토마토 농장에서 일하다 사장에게 성폭행을 당했다. 럭스미는 피해자를 상담하고 한국 경찰에 고발할 것을 권했으나 피해자는 '미등록 신분'이 드러나는 것이 걱정돼 신고하지 않았다.

당시 럭스미는 피해 사실을 확인한 뒤 토마토 농장 사장에게 전화로 항의했는데, 사장은 절대 그런 일이 없다고 주장했다. 사실을 밝히려면 수사기관에 고발할 수밖에 없었는데, 피해자는 끝까지 신고하지 말아 달라고 요청했다. 결국 피해자는 동대문에 최근까지 머물다 다른 곳으로 떠났다.

럭스미는 한국 농촌으로 시집온 17세 여성 B씨의 사례도 소개했다. B씨의 남편은 52세였는데 B씨는 남편의 폭력을 견딜 수 없어 농촌에서 탈출했다. B씨는 동대문까지 오는 길을 몰라 럭스미에게 전화를 걸었고, 럭스미는 "택시를 타라. 택시는 자동차 지붕에 모자가 있다"고 알려 주었다.

그런데 불행히도 B씨는 택시가 아닌 트럭을 탔다. 10대 외국인 여성이 한밤중에 시골길에서 차를 세우자 지나가던 트럭이 멈춘 것이다. 트럭 운전사는 B씨를 성폭행한 뒤 터미널 근처에 내려놓고 사라졌다. 그날 럭스미는 B씨의 휴대폰이 밤새 꺼져 있어서 그녀의 행방을 찾지 못했다고 한다.

"다음 날 겨우 연락이 돼서 달려가 보니까 만나자마자 우는 거예요. 택시가 뭔지 트럭이 뭔지도 모르는 애가 운전수한테 성폭행을 당한 거지요. 마지막에 아이를 태운 택시 기사를 알아내서 범인을 찾아보았지만, 택시 기사는 트럭 운전사를 모르는 거예요. 그러니 찾을 방법이 없었죠. 택시 기사에게 꼬치꼬치 물어봐도 자기는 여자가 태워 달라고 해서 서울까지 데려다준 것밖에 한 일이 없다는 거예요."

결혼 이주 여성이었던 B씨도 남편과 헤어지면서 미등록자가 되었다. 설사 그가 마음먹고 범인을 찾고 싶었다 해도 자신의 신분을 드러내고 신고하기는 쉽지 않았을 것이다.

산업재해 1위 국가의 비극

2016년 6월 기준 한국에 머물고 있는 외국인이 200만 명을 돌파했다.* 유엔은 90일 이상 다른 나라에 거주하는 것을 이주민으로 본다. 이 기준에 따르면 한국에 들어온 이주민은 약 148만 명이다. 전체 인구 대비 2.9퍼센트이지만 증가 속도는 매우 빠르다. 특히 장기 체류 외국인은 2000년 22만 명에서 16년간 6.7배 늘었다.

통계청이 2016년 5월 발표한 산업별 외국인 취업자 현황을 보면 여전히 제조업 분야가 43만 7,000명으로 가장 많다. 이들 중 상당수가 '3D 업종, 영세 업체, 비숙련 저임금 노동'이라는 공통

----

* 법무부 통계(출입국 외국인정책본부 통계연보)에 따르면 2017년 말 기준 국내 체류외국인은 218만 498명으로 2016년 대비 6.4퍼센트(13만 1,057명) 증가하였고, 최근 5년간 연평균 8.5퍼센트의 증가율을 보이고 있다.

—

농업 사업장. 농축산 사업장에서 일하는 이주 노동자들의 현실은 생각보다 훨씬 더 열악했다.

점을 갖고 있다. 열악한 환경은 산업재해로도 이어져 2008년 이후 전체 산업재해는 감소했지만, 이주 노동자 재해는 증가 추세다. 재해 비율과 재해에 따른 사망자 비율 모두 내국인 노동자보다 높다.

퍼사드 구룽은 1년 전 고용허가제 노동자로 한국에 왔다. 그는 경기도 김포 알루미늄 공장에서 일했다. 새벽에 일어나면 곧바로 공장으로 가서 알루미늄을 녹였다. 뜨거운 열기 앞에서 일하다 보면 온몸이 후끈 달궈졌다. 처음엔 미열로 느껴졌지만 시간이 지나면서 머리가 아프고 몸살까지 앓았다.

퍼사드 구룽은 술도 마시지 않고 따로 만나는 친구도 없었다. 오로지 공장과 숙소만 오가면서 월급이 나오는 대로 꼬박꼬박 네팔로 송금했다. 5년쯤 고생하면 네팔로 돌아가 안정적인 삶을 꾸릴 수 있을 거라는 희망 하나로 버텼다. 아무리 힘들어도 언젠가는 지금과 다른 세상이 오리라 믿으며 이겨 냈다.

그러나 그렇게 1년이 지난 어느 날 그는 갑자기 쓰러졌다. 놀란 동료들이 가까운 병원으로 데려갔지만 의사는 정확한 원인을 말하지 못했다. 그저 뇌에 이상이 있는 것 같으니 큰 병원으로 가보라고 권했다. 동료들은 그를 큰 병원으로 옮겼고, 검사 결과 뇌종양 판정이 나와 긴급 수술을 받았다.

1차 치료비가 550만 원. 퍼사드 구룽은 병원에 지불할 돈이 없었다. 알루미늄 공장 사장도 발병 원인을 모르는 상태에서 치료비를 부담할 수 없다고 맞섰다. 그나마 치료받는 동안 출근하지 않아도 된다는 말이 퍼사드 구릉에게는 위안이었다고 한다.

건강했던 노동자가 어느 날 문득 난치병 환자가 된 것이다. 치료비도 없고 머지않아 일자리마저 위태로운 이주민은 기댈 곳이 없었다. 다행히도 노동자의 고향 마을 공동체에서 성금을 걷어 치료비에 보탰다. 동대문에 방을 얻어 놓고 고향 사람들을 먹여 주고 재워 주는 '샹자 쉼터'는 그가 마지막으로 의지한 구명줄이었다.

창신동 네팔 식당에서 만난 그는 머리를 바짝 깎은 상태였다. 종양 제거 수술을 위해 두개골을 절개하고 꿰맨 자국이 선명했다. 의사는 7센티미터를 잘라 냈는데 종양이 아직 완전히 사라진 것은 아니어서 계속 치료를 받아야 한다고 말했다. 다행히 수술 이후 어지러운 증세는 사라졌으나 머리가 자주 아프다고 했다.

퍼사드 구릉이 왜 쓰러졌는지를 밝히려면 긴 시간이 걸릴 것이다. 회사는 산업재해 여부를 검토했으나 결국 개인 질병으로 처리했다. 이런 상황에서 노동자는 당장 병원 치료비가 걱정이다. 그가 언제쯤 공장으로 돌아갈 수 있을지는 기약할 수 없다. 그는 당분간 샹자 쉼터에 머물면서 우선 건강한 몸을 되찾는 일에 집중하기로 했다. 회사를 향한 그의 목소리에 원망이 묻어났다.

"다른 곳에서 쓰러진 것도 아니고 일을 하다 생긴 병이잖아요. 그런데 당사자가 책임을 져야 한다는 게 억울합니다."

샹자 쉼터 사람들

샹자는 안나푸르나로 유명한 포카라에서 가까운 지역이다. 동대문에 거주하는 네팔 이주민들의 출신을 보면 샹자에서 온 사람이 가장 많다고 알려져 있다. 숫자로 보면 포카라가 더 많지만 포카라는 대도시여서 다른 동네에서 학업이나 사업 목적으로 이사한 경우가 대부분이다. 엄밀하게 출신 지역을 기준으로 계산하면 샹자와 카스키가 많은데, 네팔인들은 통상 두 지역을 묶어 샹자라고 부른다.

샹자 공동체 쉼터는 낙산 성곽 쪽문을 지나 충신동 외진 골목에 있다. 전봇대나 벽면에 셋방을 알리는 종이 쪽지가 가득한데 한 달 방값이 대체로 20-30만 원이다. 이곳에서는 집주인과 세입자가 직거래를 하기 때문에 부동산 수수료도 아낄 수 있다. 샹자 쉼터는 최근 보증금 1500만 원, 월세 27만 원에 새 집을 얻었다.

"여러 사람이 있으려면 방 2개, 화장실, 부엌이 있어야 하는데 30만 원 이하로는 찾기 힘들어요. 지난달까지 근처에 37만 원을 주고 살다가, 27만 원짜리 방이 있다고 해서 이쪽으로 옮겼어요. 우리한테 10만 원은 엄청 큰돈이거든요."

샹자 공동체는 고향 사람끼리 서로 돕자는 취지로 생겼다. 갑자기 일자리를 잃거나 아픈 사람이 생길 경우 임시로 지낼 수 있는 집이 필요하다는 생각에서 만들었다. 한국에 오래 살면서 안정적

생활 기반을 마련한 30여 명이 보증금을 마련했다. 장소는 당연히 사람들이 자주 모이는 창신동이었다.

문제는 월세였다. 시작할 때는 쉼터에 오는 사람들이 알아서 내기로 했는데 막상 찾아오는 사람이 무일푼인 경우가 많았다. 돈이 없다고 나가라고 할 수도 없는 노릇이니 보증금에서 계속 월세를 공제해야 했다. 쉼터에 머물렀던 사람들에게 새 직장을 잡으면 한 달에 1만 원씩 내면 좋겠다고도 말해 보았으나, 막상 일터로 돌아가면 연락이 끊기는 경우가 많았다. 샹자 공동체 대표 K씨의 말에는 약간의 섭섭함이 섞여 있었다.

"지금 보증금을 까먹고 있어서 쉼터가 언제까지 운영될지 모르겠어요. 쉼터가 필요하다는 데는 다 동의하는데 한 달에 1만 원씩 내는 사람 30명 모으기가 어렵네요."

일요일 오전 샹자 쉼터엔 3명이 있었다. 모두 새로운 직장을 알아보는 중이라고 했다. 방 안은 다소 습해서 노동자들은 바닥에 이불을 깔아 놓았다. 노동자들은 보통 큰방에서 자는데 주말에 고향 친구들이 오면 작은방에서도 잔다고 했다. 그들은 순번대로 창신시장에서 먹거리를 사고, 네팔 음식을 만들어서 함께 먹는다고 했다.

부엌도 단출했다. 간단히 끓여 먹을 수 있는 주방 기구만 있을 뿐이었다. 쉼터를 시작할 때 샹자 공동체 회원들은 자신이 쓰던 세탁기, 옷장, 그릇, 이불 등을 직접 가져왔다. 부엌문을 열면 바로 외부 화장실이다. 처마가 짧아 가랑비가 곧장 부엌 쪽으로 들이쳤다. 폭우가 내리기라도 하면 화장실에 갈 때 우산을 써야 비를 피할 수 있다.

상자 쉼터에서 가장 인상적인 풍경은 거실 벽면에 걸린 실사 출력 홍보물과 그림이다. 출력물엔 쉼터를 처음 만들 때 종잣돈을 낸 사람들의 이름이 적혀 있다. 또한 대형 액자엔 상자 공동체의 이름으로 참가한 배구 대회 우승 기념사진이 꽂혀 있다. 배구 선수들이 붉은색 줄무늬 축구 유니폼을 입고 찍은 사진이 이채롭다. 쉼터 사람들은 "상자가 운동도 잘하고 단합도 잘한다"며 사진 속 주인공들을 추켜세웠다.

현행 고용허가제에서 직장은 3회 옮길 수 있다. 쉼터 사람들에게 기존 공장을 떠난 이유를 묻자, 임금, 고용주와의 관계, 좀 더 편한 일 등 여러 의견이 나왔다. 비자 만료 시점이 다가오고 있어 이참에 아예 취업 비자로 바꿔 네팔과 한국을 오가며 사업을 해 보고 싶다는 사람도 있었다.

쉼터 이주민들은 언제든 떠날 준비를 하고 있었다. 개인 소지품은 대형 배낭에 담아 큰방 위쪽 다락에 얹어 두었다. 마음에 드는 직장이 생기면 다락에서 배낭을 꺼내는 것으로 모든 준비가 끝난다. 방에는 텔레비전도 거울도 없고, 와이파이 무선 공유기만 있다. 스마트폰 덕분에 방에서 일자리를 알아볼 수 있게 되었다.

주인 없는 집에 손님만 계속 드나들다 보니 관리에 문제가 생겼다. 그래서 근처에서 일하는 H씨가 쉼터 지킴이를 맡기로 했다. 그는 하루 한두 번씩 쉼터에 들러 투숙 인원을 확인하고 필요한 물품을 챙긴다. 누군가 찾아온다고 하면 직접 동대문역으로 가서 데려온다. 또 누가 아프다고 하면 여기저기 연락해 도움을 청한다.

"동대문시장에서 일하다 보니 가까워서 자주 들르는 거죠. 신발 도매를 하는데 새벽부터 시작해 오후 3시까지 일하면 끝나요. 그럼 여기 와서 뭐 불편한 게 있나 살펴보고 그러는 거죠. 여기 처음 오는 사람들은 쉼터를 찾기 어렵잖아요. 그래도 3번 출구는 다 아니까 거기서 만나는 겁니다."

경기 침체와 자영업자의 수난

한국에서 일하는 이주 노동자들의 꿈은 크게 두 가지다. 첫째는 한국에서 경제적 기반을 마련해 자기 고향으로 돌아가는 것이고, 둘째는 한국에 정착해 새로운 인생을 만드는 것이다. 양쪽 모두 쉽지 않은 일이지만 현실적으로 전자의 성공 가능성이 높다. 환율 차이와 일자리 등을 고려할 때 한국은 여전히 이주 노동자들이 선호하는 시장이다.

그러나 여기엔 변수가 있다. 한국 경제가 일정 규모 이상으로 꾸준히 성장하지 못한다면, 전제 조건 자체가 무너진다. 이주 노동자 대다수가 중소기업과 영세 자영업자에게 고용돼 있는데 이들은 외부 조건이 조금만 변해도 심각한 타격을 입는다. 더구나 통계청 자료에 따르면 한국은 2016년 기준 자영업자 비율이 26.8퍼센트로 세계 4위 수준이다. 따라서 경기 침체가 장기화될 경우 이주 노동자의 고용 불안이 심각해질 우려가 있다.

2015년 통계청 자료에 따르면 자영업체 다섯 곳 중 한 곳은 한 달에 100만 원을 벌지 못한다. 또한 네 곳 중 한 곳은 장사를 시작한 지 2년 이내에 문을 닫는다. 빈익빈 부익부 현상이 심화되는 가운데 이주 노동자들이 취업하는 영세 자영업체 사정은 날이 갈수록 어려워지고 있다. 임금 노동자로 출발해 자영업자로 변신한 우다이 씨(네팔명 비네구룽, 46세)의 사연은 본격적인 저성장 시대로 진입한 한국의 경제의 수난을 잘 보여 준다.

동대문역 3번 출구에서 창신2동 방향으로 2분쯤 걸어가면 우다이 씨가 운영하는 봉제 공장이 있다. 간판도 입구도 없어서 그곳이 공장인지 창고인지 분간할 수 없다. 골목길에 철문이 바로 붙어 있고 철문 중앙에 '주차금지' 푯말이 붙어 있다.

창신동 골목은 좁은 미로여서 차를 세우면 통행이 어렵다. 누군가 길가에 차를 주차하기라도 하면 벽에 출입구가 붙은 공장은 안에서 문조차 열 수 없다. 우다이 씨는 그때마다 앞집 사람을 불러서 차 주인에게 연락해 차를 빼달라고 부탁한다. 폭염이 한창이던 지난여름에는 앞집에도 사람이 없어 꼼짝 없이 공장 안에 갇힌 적도 있었다.

자영업자가 된 노동자

우다이 씨는 1990년 관광 비자로 한국에 왔다. 처음에는 막일과 PVC 공장에서 일하다 봉제 공장에 들어갔는데 재단 일을 배우는 도중 손가락 하나가 잘렸다. 다행히 접합 수술 결과가 좋아서 손가락을 쓸 수 있게 되었지만 사고 순간은 아찔한 기억으로 남아 있다. 요즘도 재단기를 보면 움찔 놀랄 때가 있다고 한다.

우다이 씨는 봉제 일을 재미있게 배웠다고 말한다. 말이 통하지 않는 상황에서 잠도 제대로 자지 못했지만 열심히 일했다고 한다.

"하루 12시간은 기본, 일이 밀리면 공장이 24시간 풀가동됐어요. 밤을 꼬박 새고 아침에 잠깐 쉬었다가 또 일하고. 그렇게 해도 일감이 계속 들어왔어요. 그때는 젊었으니까 버텼지요."

우다이 씨가 동대문으로 이사한 건 10년 전이다. 공장을 따라 신당동 일대를 떠돌다 봉제 일을 하던 한국인 아내와 힘을 합쳐 가게를 차린 것이다. 둘 다 공장을 다니다 보니 아이들을 돌보기 어려웠던 것이 자영업자로 변신한 결정적 이유였다.

우다이 씨의 공장 내부는 넓게 잡아도 5평을 넘지 않는다. 좁은 공간에 휘갑치기(오버로크), 재봉틀, 쌍침 바늘 등 봉제 공장 물품이 가득하고 음식을 해 먹을 수 있는 주방 용품까지 있다. 냉장고, 벽, 문, 다림판 정면 등엔 우다이 씨의 딸 사진이 여러 장 붙어 있었다. 이곳에서 일하는 사람은 우다이 씨와 아내, 두 사

–

세 딸을 돌보기 위해 영세하지만 자영업을 택한 우다이 씨.
좁은 봉제 공장 한쪽에 딸들 사진이 보인다.

람 뿐이다.

우다이 씨는 보통 100장 단위로 주문을 받는다. 주문이 들어오면 먼저 실을 사고 작업을 시작한다. 치마 기준으로 두 사람이 한 벌의 옷을 완성하는 데 걸리는 시간은 15분 안팎이다. 따라서 100벌을 모두 만들려면 25시간 정도 소요된다. 두 사람은 수선까지 포함해 2일 이내에 마무리한다. 하청 업체다 보니 빨리 납품할수록 인정받고, 다음 일감을 쉽게 따낼 수 있기 때문이다.

"일이 시작되면 아무 생각 없이 일만 해요. 부인하고 하루 종일 옷감만 주고 받고 한 마디도 안할 때가 있어요. 밥도 전자레인지에 만두 같은 거 데워서 먹고 때워요."

우다이 씨는 10년 전이나 지금이나 원자재 가격과 공임은 그대로라고 말한다. 그 사이 옷값의 변동 폭이 컸지만 납품 업체 수익은 늘지 않았다는 얘기다. 결국 동대문을 중심으로 한 의류 산업의 성장이 하청 업체 수익 구조 개선으로까지 이어지지 않았음을 보여 준다.

봉제 공장은 한때 동대문을 먹여 살리는 산업이었다. 밤낮으로 쉬지 않고 일해도 계속 주문이 밀리던 20년 전의 일이다. 우다이 씨는 "그때와 지금을 비교하면 왠지 상투를 잡은 것 같은 허탈감이 밀려온다"고 말한다.

"이 동네 요즘 힘들어요. 지금은 일이 절반쯤 줄었다고 보면 돼요. 제가 처음 시작할 때는 정말 밥 먹을 시간도 없었어요. 그런데 지금은 몇 달째 대량 주문이 없어요. 공장을 유지할 수도 없는 상태입니다."

우다이 씨의 계산으로 월 매출 600만 원이 나와야 재료비 지불하고 살림할 수 있는 이윤이 나온다. 그런데 매출 400만 원 넘긴 게 언제인가 싶을 정도로 창신동 봉제 공장은 장기 불황이다. 특히 우다이 씨처럼 중간상인으로부터 주문을 받아 중저가 브랜드 완제품을 만들어 납품하는 자영업자들이 고전하고 있다.

일감이 확 줄다 보니 우다이 씨는 요즘 주 4일만 출근한다. 부인은 일이 있을 때만 잠시 나온다. 세 딸과 함께 집에서 보내는 시간이 많아 즐겁기도 하지만, 늘어나는 생활비를 대려니 스트레스가 이만저만이 아니다. 그동안 열심히 벌어 놓은 걸 앉아서 까먹는 중이라고 그는 아쉬워했다.

"경기가 좋지 않으니까 사람들이 옷을 덜 사게 되고, 그러니까 주문이 줄고 그래서 옷을 만들지 않게 되는 거죠."

한국 경제가 역대 최악이었던 IMF 외환 위기 때는 어땠을까. 우다이 씨는 "그래도 그때보다는 지금이 낫다"고 말한다. 그때는 사장들까지 공장 문을 닫고 노동자로 취업했는데, 그나마도 월급을 제대로 받지 못했다고 한다. 우다이 씨는 다시 그런 상황이 올까 솔직히 두렵다는 말도 했다.

그는 동대문에서 자영업자가 되었다. 수년 전만 해도 몇 년 더 고생하면 큰 공장을 차릴 수도 있겠다는 꿈이 있었다. 그러나 시간이 갈수록 그 꿈은 아련하다. 그는 요즘 공장 문을 닫고 다시 취직하는 걸 심각하게 고민한다. 다시 노동자가 될 경우 지금처럼 자유롭지는 않겠지만 고정 수입을 기대할 수 있기 때문이다.

"지금 상황이 마지막이면 좋겠어요. 더 나빠지면 그만둘 수밖에 없어요. 부부가 다 일을 다니면 아이들이 힘들어지겠지만 빚을 지고 살 수는 없으니까…."

비록 직원이 아내 한 명뿐이지만 그는 노동자들이 부러워하는 사장이다. 누구 밑에서 일할 때와 사장이 되었을 때의 느낌은 다를 것이다. 그는 책임감이란 말을 수차례 반복하며, "사장은 부담도 크다"고 강조했다.

"이렇게 되려고 온 건 아니었는데…"

한국에 온 지 26년, 어느새 네팔에서 보낸 시간보다 한국에서 지낸 시간이 더 많아졌다. 남들 보기엔 동대문에서 지낸 10년이 편안해 보이겠지만 정작 본인은 남모르게 마음고생을 독하게 했다. 4년 전엔 공사장에서 일하던 사촌 동생이 추락 사망한 사건이 그의 마음을 아프게 했다.

비보를 접한 우다이 씨는 일도 팽개치고 현장으로 갔다. 그러나 피해자가 미등록 노동자란 이유로 보상을 받기까지 45일이나 걸렸다. 회사에서 갖가지 핑계를 대는 바람에 결국 변호사를 선임해 위로금을 받아 냈다. 우다이 씨는 사촌 동생의 장례를 한국에서 치르고 유골만 네팔로 가져가 납골당에 안치했다.

"이렇게 되려고 한국에 온 건 아니었는데…. 네팔에 남아 있는 가족은 얼마나 마음이 힘들겠어요. 신문에 기사가 나지 않아서 그렇지 요즘도 일하다 죽는 사람들이 참 많아요."

힘들 때 함께했던 동료들이 하나둘 사라지는 것도 그에게는 괴로운 일이다. 1990년대까지만 해도 주말이면 모여서 맥주 한잔 나눌 친구들이 많았는데 이젠 몇 사람뿐이 없다. 어느덧 그의 나이가 쉰을 바라보고 있는 탓이다.

"동대문 친구들은 다 네팔로 갔어요. 이제 남은 친구는 미아리, 안산, 인천에 살아요. 주말에 동대문으로 넘어오면 같이 술 마시다 우리 집에서 자고 그래요."

우다이 씨의 봉제 공장 내부엔 아이돌 그룹 못지않은 외모를 가진 딸들의 사진이 빼곡하다. 큰 딸이 스물한 살, 쌍둥이인 동생들이 열여섯 살이다. 부모의 손길이 한창 필요할 때 부모는 공장 일에 파묻혀 지냈다. 우다이 씨는 아무리 바빠도 1년에 한 번은 대성리나 청평으로 여행을 다녀왔다고 했다. 새벽부터 밤까지 공장에서 일하는 부모를 이해해 준 딸들이 고맙다는 말도 덧붙였다.

우다이 씨는 스무 살 청년 시절 한국을 선택한 것을 후회하지 않는다. 네팔에 살았더라면 희망도 도전도 없는 삶이었을 거라고 말한다. 그럼에도 그의 마음속에서 조국 네팔이 잊힌 건 아니다. 아직 네팔엔 어머니와 여동생이 살고 있다. 네팔을 좋아하는 아내가 동의한다면, 언젠가 네팔에서 살고 싶은 욕심도 있다.

6장

동대문에서 피고 지는 꿈

좋습니다!

Theek-cha

(티크 짜)

11월의 마지막 일요일 아침, 동대문역 3번 출구 인근 뿌자 식당 입구가 붐볐다. 식당이 문을 열려면 1시간 남짓 기다려야 하는데도 네팔 노동자들은 식당 건물 출입구로 계속 들어갔다. 무슨 일인가 싶어 따라가 보니 그들의 목적지는 3층 식당이 아니라 4층 당구장이었다. 그곳에서는 제1회 네팔인 포켓볼 당구 대회가 열리고 있었다. 당구장 입구엔 영어와 네팔어로 'Open Billiard Pool Championship'이라 적힌 메모지가 붙어 있었다.

이날 아침까지 전화로 참가를 희망한 사람은 35명이었다. 당구장 운영자이자 대회 주최자인 라미스 씨는 추가 신청자가 들어올 때마다 조별 토너먼트 대진표를 수정했다. 1인당 대회 참가비는 5만 원이고, 1등에게 50만 원, 2등에게 30만 원을 준다고 공지했다.

동대문에 '셀파 당구장'이 생긴 건 1년 전 일이다. 네팔인들이 따로 놀 만한 공간이 없어서 문을 열었는데 주말이면 하루 종일 당구대 2대가 쉬지 않고 돌아간다고 했다. 네팔인을 위한 놀이터이므로 빈자리가 생기면 네팔 사람을 우선 입장시킨다. 1년 사이 단골도 생기고 주말에 내기 시합을 벌이는 손님들이 늘어나자 당구장 홍보를 겸해 대회를 열게 되었다고 한다.

당구대 주변에 선수들이 둥그렇게 늘어섰다. 자기 시합이 한참 남았는데도 남의 경기를 보면서 열심히 훈수했다. 정타가 아닐 때 탄성을 지르고, 정확히 맞췄을 때 손가락을 치켜올리는 모습은 한국이나 네팔이나 마찬가지다. 당구장 벽면에 붙은 의자에 나란히 앉아 줄담배를 피우는 장면까지 한국의 여느 당구장과 유사했다.

"한국에서 네팔 사람들이 하는 운동 경기는 축구와 배구뿐이었어요. 얼마 전엔 배드민턴 시합이 처음 열렸어요. 그런데 이걸 하려면 체육관을 빌리거나 멀리 가야 하잖아요. 당구는 그냥 동대문에서 할 수 있으니까 부담이 없어요. 여기서 친구 만나 얘기하다가, 배가 고프면 아래층 네팔 식당에 내려가 밥 먹고 하루 종일 놀 수 있어서 좋아요."

군인 16년,
이주 노동자 14년

폴지(55세·가명)는 지금 인천에서 일한다. 공장에서 소와 돼지를 도축하면 오토바이에 싣고 정육점이나 시장으로 배달하는 게 그의 일과다. 아침 일찍 일을 시작하지만 토요일과 일요일은 무조건 쉰다. 네팔 노동자로서는 흔치 않은 주 5일 근무자다. 그는 금요일 저녁 옷을 갈아입고 동대문으로 왔다가 일요일 밤이나 월요일 새벽 다시 공장으로 돌아간다.

"공장에서 혼자 있으면 심심하잖아요. 동대문 나와야 고향 사람들 얼굴도 보고 네팔 말도 마음대로 하고 그러잖아요. 그런데 여기서 모텔을 잡으면 하루 4-5만 원 줘야 하는데, 한 달에 네 번 자면 20만 원이니까 방값과 똑같아요. 월세 20만 원이 오히려 낫겠다 싶어서 방을 얻었어요."

폴지는 금요일 오후 6시쯤 공장을 출발한다. 전철은 붐비고 버스는 막힐 시간이므로 그는 자전거를 이용한다. 몸에 딱 붙는 운동복을 입고 안전모까지 쓰면 베테랑 폼이 난다. 인천에서 한강 자전거 도로를 타고 내려오다 간단한 저녁을 먹고 마장동에서 동대문으로 진입하면 밤 9시쯤. 그는 불과 3시간 만에 동대문 숙소에 도착한다.

"샤워하고 옷 갈아입고 가장 먼저 고향 사람이 운영하는 상점으로 갑니다. 일단 거기 가면 주말에 무얼 하고 놀아야 할지 알 수 있어요. 별 얘기 없으면 숙소에서 TV로 제가 좋아하는 프로 배구 경기를 보고 가족과 영상통화하고, 그러다 배고프면 네팔 식당에 가서 밥 먹고 이곳저곳 걸어 다니다가 들어와서 자고 그래요."

폴지에겐 동대문에서 보내는 주말이 휴가라고 한다. 이틀 동안 동대문에서 머물다 보면 고향에 다녀온 것처럼 마음이 편안해진다는 것이다. 식당에서 네팔 노래를 들으며 밥을 먹을 때, 조계사 같은 절에서 네팔 영화를 구경할 때, 그는 가끔 고향을 떠올린다.

폴지는 영국 군대에서 16년간 복무했다. 세계적으로도 전투력이 강하다는 평가를 받는 네팔 군인 '구르카' 출신이다. 그는 인도 군대에 파견되어 연금 지급 기준인 16년을 꽉 채운 뒤 전역했다. 16년이 지나면 영국 시민권을 얻을 수 있는 기회도 주어지지만 그는 일을 하고 돈을 벌기 위해 한국으로 왔다. 그때가 2003년이었다.

폴지의 집은 창신2동 성곽길 꼭대기 너머에 있다. 좁은 미로를 지나 돌계단을 딛고 올라서면 여러 채의 지하 주택이 보인다. 전봇대에 붙은 셋방 시세를 보면 보증금 100만 원에 월세 15~20만 원이다. 대부분 부동산을 통하지 않고 집주인과 직거래로 방을 구한다. 가끔 골목 입구 세탁소에 부탁해서 방을 알아보기도 한다.

폴지의 방은 생각보다 넓었다. 큰방 1개, 작은방 1개, 폴지는 주로 큰방을 쓰고 친구들이 오면 작은방을 내준다. 처음에는 친구 12명이 한 달에 2만 원씩 내서 방 3개짜리 공동 공간을 만들었는데, 너무 시끄럽고 관리가 되지 않아 따로 나왔단다. 부엌은 오랫동안 사용하지 않아 주방 기구에 먼지가 뿌옇게 내려앉았다.

"친구들과 함께 살면 좋은 점도 있지만 불편한 게 더 많아요. 어떤 친구가 술 마시고 들어와서 시끄럽게 하면 마음 상하고, 또 어떤 친구가 며칠씩 나가지 않고 계속 잠만 자거나 누워 있으면 집에 들어와도 마음이 편하지 않더라고요. 그래서 이럴 바엔 따로 나가서 사는 게 낫겠다고 생각하게 됐어요."

큰방 TV엔 와이파이가 설치돼 있어 폴지는 가족들이 보고 싶을 때 와이파이를 켜고 소식을 듣는다. 1개월 이용료 1만 7,600원이라 적힌 영수증이 TV 앞에 있었다. 영국 정부에서 매달 송금하는 연금 내역서도 영수증 밑에 있었다. 폴지는 연금 수령증을 보여 주며 한국과 영국에서 동시에 돈을 받는다고 만족스러운 표정을 지었다.

주말마다 동대문으로 떠나는 휴가

폴지는 2003년 한국에 왔다. 군 복무를 마치고 7년 동안 네팔에서 살았지만 마땅한 일거리가 없었다. 군대에서 배운 목수 기술이 나름 인정을 받았지만, 노는 날이 많았다. 결국 가족의 미래를 생각해 외국으로 나가기로 했다.

처음엔 채석장에서 2년간 일했다. 그 다음엔 미나리를 캐기 위해 농촌을 돌아다녔다. 미나리 시세가 너무 나빠서 월급을 받지 못한 적도 있지만, 고용주가 좋은 사람이어서 아무 말도 하지 않고 나왔다고 했다. 미나리가 잘 자라지도 않고 잘 팔리지도 않던 때라고 폴지는 그 시절을 기억했다.

"파주, 김해, 김제로 미나리 캐러 많이 돌아다녔어요. 겨울에 미나리를 캐려면 얼음물에 푹 빠져야 해요. 새벽부터 밤까지 추운 데서 일하면 7만 원씩 줬어요. 한 달에 쉬지 않고 일하면 200만 원이 넘었으니까 큰돈이지요. 그런데 농촌에서 혼자 지내다 보니 힘들었어요. 그래서 동대문에 방을 얻고 공사장 막일과 목수 일을 하게 됐어요. 거기도 일당이 8만 원이라 센 편인데, 비가 오면 일을 못하니까 더 힘든 거예요."

폴지는 일당이 세고 일도 많이 할 수 있는 공장을 찾아다녔다. 그러나 좋다고 소문난 곳은 대기자가 많거나 입사 절차가 까다로웠다. 폴지처럼 비자 없는 미등록자가 얻을 수 있는 일자리는 많지 않았다. 이런 이유로 그는 인천까지 찾아가게 되었다.

"처음엔 고기를 직접 잡는 일인 줄 알고 못한다고 했어요. 제가 불교 신자거든요. 자세한 얘기를 들어 보니까 고기는 다른 사람들이 잡고 배달만 하면 된다고 해서 왔어요. 사장님이 좋은 분이라 오래 일하게 됐어요. 다른 사장님들은 얼굴 마주칠 때마다 '빨리 빨리'라고 하는데, 지금 사장님은 '천천히 천천히'라고 말해서 참 좋아요."

폴지는 미등록 이주 노동자다. 13년간 단속에 걸리지 않았지만 늘 불안하다. 그는 조심하는 것 말고는 답이 없다고 말한다. 처음엔 비자를 어떻게 연장해야 하는지를 몰랐고, 지금은 다른 방법이 없어 그냥 이렇게 지낸다고 했다. 그래서 그는 네팔 공동체 소식에 민감하다. 어느 쪽에서 단속이 있다고 하면 되도록 외출을 자제하고 방에서 지낸다.

"자진 신고하고 벌금 내라고 하면 다 내고 속 편하게 살고 싶어요. 그런데 문제가 그렇게 풀릴 수 있는 게 아니잖아요. 버틸 수 있을 때까지 잘 버텨 보자는 생각으로 지냅니다."

한국에서 보낸 시간이 13년을 넘었지만 한국인 친구가 없다고 했다. 워낙 자주 공장을 옮겨 다니다 보니 이름을 알 만하면 헤어진 탓이다. 10년 가까이 주말마다 동대문에서 시간을 보내지만 그가 들르는 곳은 상점과 식당뿐이다. 상점에서 가족에게 필요한 물건을 골라 네팔로 택배를 붙이는 것이 그의 유일한 즐거움이다.

폴지의 노동은 가족들이 살아가는 젖줄이 되었다. 그는 한국에 들어와 한 번도 거르지 않고 매달 100만 원씩 송금했다. 1년이면 1200만 원, 13년이면 1억 5000만 원이 넘는다. 가족들은 그 돈으로 포카라 지역에 비싼 땅을 샀다. 그 땅에 건물을 짓고 나면 폴지는 편안한 노후를 보낼 수 있을 것이다.

"월급이 170만 원인데, 집으로 100만 원 보내고, 밥값 10만 원 빼고, 나머지 60만 원으로 살아요. 동대문 방값 20만 원 내고, 40만 원으로 옷 사 입고 맛있는 거 사 먹고 그럽니다. 그 돈이면 충분해요. 군인 연금이 한 달에 20만 원 나오는데, 그건 제 비상금이고요."

폴지는 가족들과 따로 사는 게 익숙하다. 군인으로 일할 때도 몇 년에 한 번 얼굴을 보는 정도였다. 인도에서 편지를 보내면 6개월 뒤 네팔 집에 도착한 적도 많았다고 한다. 그가 외국으로 떠돌 때 1남 2녀는 모두 결혼했다. 아버지는 막내딸 결혼식을 와이파이로 지켜보았을 뿐이다. 한국에 온 지 13년, 그의 아내는 2008년에 딱 한 번 한국에 와서 남편을 만나고 돌아갔다.

폴지는 자녀들에게도 기회가 되면 외국으로 가라고 말했다. 그의 눈에 네팔은 시대에 뒤떨어진 나라로 보였기 때문이다. 아버지의 말대로 큰딸은 이미 호주로 갔고, 동생들도 고민 중이라고 했다. 나중에 네팔로 돌아가서 살더라도 자녀들이 넓은 세상을 보았으면 한다고 덧붙였다.

"네팔은 버스 타고 다른 데 가려면 시간이 많이 걸려요. 버스도 많이 없고 길도 좋지 않아서 힘들어요. 전기도 하루에 6시간 밖에 안 들어오고 겨울에도 보일러 같은 거 틀기 힘들어요. 한국은 여기저기 왔다 갔다 하기 쉽잖아요. 날씨가 추워도 보일러 걱정할 필요도 없고…"

폴지의 아내는 가끔, 이제 돌아올 때가 되지 않았느냐고 묻는단다. 그러나 폴지는 한 번도 그 질문에 답하지 않았다. 언제 돌아갈지 정하지 않았고, 지금 이대로의 삶에 만족한단다. 그에게 혹시 한국에서 하고 싶은 꿈이 있느냐고 물었더니 그런 건 없다고 했다.

복을 기원하는 명절 '띠하르'

K(48세)는 네팔 공동체 중 규모가 큰 것으로 알려진 S패밀리 회장이다. 그는 김포에서도 한참 들어가는 시골 공장에서 일하지만 자주 동대문에 들러 고향 사람들과 관련된 일을 챙긴다. 공장에서 김포 읍내까지 택시를 타면 7,000~8,000원 나온다. 거기서 다시 버스를 타고 40분 정도 가면 김포공항 지하철역이다. 그가 일하는 공장에서 동대문역 3번 출구까지 오려면 2시간 30분이 걸린다.

10월의 마지막 토요일 밤, 그는 창신동 네팔 식당으로 나왔다. 예정대로라면 이번 일요일은 휴무였는데 주문이 밀려 갑자기 출근하게 되었다고 했다. 오는 도중 몇 차례나 전화로 미안하다고 하면서 길게 만날 수 없어 많이 아쉬워했다. "바쁘시면 다음에 뵙자"고 했으나, 그는 "기왕 나온 길이니 만나고 돌아가겠다"며 동대문으로 온 것이다.

10월의 마지막 주말은 네팔에서 더사인 다음으로 유명한 명절인 띠하르Tihar가 시작되는 날이다. 띠하르는 본래 인도 힌두교도의 축제지만 네팔에서도 여러 날 동안 제물을 바치고 복을 기원하는 전통 의식이 치러진다. 특히 쌀과 요구르트에 붉은 가루를 섞어 이마에 점을 찍어 주는 '띠가'라는 전통이 널리 알려져 있다. K가 사는 동네에서는 여자 형제들이 남자 형제들에게 동그란 점을 그려 준다고 했다.

"네팔 말로 하자면 '건강하세요, 오래 사세요' 그런 뜻이에요. 띠하르는 한국으로 치면 설날 같은 날이죠. 더샤인 명절에 집에 못 간 사람들은 띠하르 때라도 만나서 즐거운 시간을 보냅니다. 네팔까지 갈 수 없으니까 동대문이 집이라 생각하고 모여서 노는 거죠."

때마침 이날은 K가 네팔을 떠난 지 8년이 되는 날이다. 2008년 10월 28일에 네팔을 떠났는데, 그것이 두 번째 한국행이었다.

용접 노동자 K

K는 1992년 관광 비자로 처음 한국에 왔다. 그때는 청량리와 답십리 플라스틱 사출 성형 공장에서 일하다 안산의 자동차 부품 공장을 거쳐 성남 만두 공장으로 자리를 옮겼다. 안산에서 배운 용접 기술이 지금까지 그가 버틸 수 있는 든든한 밑천이 되었다.

"1997년 IMF 터지고 공장도 많이 힘들었어요. 회사에 일거리가 없으니 외국인 노동자들은 떠날 수밖에 없었어요. 어떤 사람들은 동대문 봉제 공장으로 갔는데, 저는 네팔로 돌아갔어요."

한국에서 보낸 5년이 그에겐 중요한 시간이었다. 한국에서 배운 용접 기술로 네팔에서 일자리를 찾아보았지만 마땅한 곳이 없었다. 그래서 다시 한국으로 나올 준비를 했다. 이번엔 한국어 시험을 보고 고용허가제 비자를 받아 출국했다.

고용허가제 비자를 받은 노동자는 한국에서 최대 4년 10개월까지 일할 수 있다. 기간이 만료되면 자국으로 들어갔다가 재입국도 가능하다. 물론 기존에 일하던 곳의 사업자 동의가 필요하다. K는 4년 10개월간 용접 노동자로 일하다 네팔로 돌아갔고, 그 뒤 재입국하여 다시 같은 공장에서 4년째 일하고 있다. 노동자로서 실력을 인정받고 있는 것이다.

"아파트 지을 때 사고 방지하는 안전장치를 만들어요. 발판, 난간대, 계단, 철골 같은 거죠. 용접이 엉성하면 큰 사고가 날 수 있어서 아주 꼼꼼하게 챙겨야 해요. 하루 종일 뜨거운 곳에서 쇠가 타는 냄새를 맡아야 해요."

용접은 전문성이 필요한 기술이다. 안전모를 쓰고 일해도 시간이 지나면 각종 질병에 시달린다. K도 최근 고혈압 증세가 회복되지 않아 약을 복용하고 있다. 아직까지 입원한 적은 없지만 스트레스를 풀지 못해 자주 아프다고 했다.

"올 여름엔 정말 더웠잖아요. 그런 날 용접하면 온몸이 불덩이처럼 뜨거워요. 작업장에 선풍기가 돌아가는데 뜨거운 바람이 나와요. 죽을 것처럼 힘들다가도 숙소에 들어가 에어컨 바람 쐬면 살 것 같아요. 그렇게 버티는 거죠."

한 가지 다행이라면 사장과 마음이 잘 맞는다는 점이다. K와

1902년 인천 제물포항에서 갤릭호를 타고 하와이로 향한 102명이 조선 최초의 정식 이민이었다. 처음 배에 오른 사람은 121명이었으나 도중에 19명이 신체검사에서 탈락했다. 사탕수수 농장에 들어간 남자들은 하루 10시간, 주 6일을 일하고 월급으로 17달러를 받았다. 반면 여자와 소년은 하루에 50센트를 받았다. 당시 하와이에서 벌어들인 돈은 조선 노동자들이 상상하기 힘든 거액이었다.

새벽 4시 30분에 일어나 하루 딱 30분만 쉴 수 있었던 노동자들은 어떻게 어려움을 이겨 냈을까. 앞이 보이지 않는 막막한 현실이었음에도 그들에겐 정겨운 이웃이 있었다. 그저 얼굴만 봐도 마음이 통하고, 모국어로 속내를 후련하게 토해 내는 사람들…. 지금 서울 도심에서 뜨겁게 연대하는 이주 노동자들도 그렇게 속내를 다스리고 있다.

"사람이 살다 보면 어려운 일들이 생기잖아요. 혼자서 어떻게 해볼 수 없는 그런 일들이. 예전에는 누가 아프거나 다치면 손 쓸 방법이 없었어요. 지금은 여기 동대문에서 연락하면 500~600만 원은 충분히 모을 수 있어요. 갈수록 돈 들어가는 일이 많아서 걱정이지만 과거에 비하면 많이 좋아진 거죠."

비슷한 또래인 사장은 공장에서 함께 일하며 노동자의 애로 사항을 잘 들어준다고 했다. K가 소개한 네팔 사람들을 계속 채용했고, 여름휴가도 네팔로 가서 K의 고향집에 들러 안부를 전한 적도 있다고 한다.

8년간 K는 네팔에 세 번 다녀왔다. 두 번은 휴가였고 한 번은 장례식이었다. 그는 어머니의 임종을 지키지 못한 것을 아쉬워했다. 두 번째 휴가에서 쇠약한 어머니를 만난 것이 마지막이었다. 한국으로 돌아오고 얼마 뒤 어머니가 돌아가셨다.

"조금만 더 곁에 있었더라면 어땠을까 싶어요. 어머니 장례식 치르고 너무 힘들어서 다시 나오지 말까 하는 생각도 했어요. 어머니는 아픈 몸으로 저를 계속 기다리셨나 봐요. 날마다 전화를 하셨는데 쓰러지신 다음엔 연락이 끊겼어요. 그때는 네팔에서 온 지 얼마 되지 않아서 또 갈 수 없었거든요."

K는 자녀가 둘이다. 딸이 열일곱 살, 아들이 열다섯 살이니, 한창 예민한 사춘기 청소년이다. 와이파이로 전화할 때마다 두 아이는 아버지가 옆에 있으면 좋겠다고 말한다. 그런 말을 들을 때마다 귀국을 고민하지만, 그래도 네팔보다는 한국에서 일하는 것이 아이들을 위해 좋은 선택이라고 위로한다.

"요즘은 네팔에서도 공부를 시키려면 돈이 많이 필요해요. 네팔에서 공부하려는 학생들은 다 사립학교로 가요. 국립학교는 기본적인 게 안 돼 있어요. 사립학교가 단계별로 있는데 좋은 학교는 돈을 많이 내야 해요. 제가 여기서 버니까 아이들이 그런 학교에 다닐 수 있는 거죠."

K의 월급은 시간외수당까지 합쳐서 200만 원 안팎이다. 그중 50만 원을 빼고 한 달에 150만 원을 네팔로 송금한다. 두 아이는 아버지가 보낸 돈으로 사립학교를 다니고, 아버지는 50만 원으로 생활한다. 그는 S패밀리 회장이므로 가끔 밥을 사거나 술을 사야 할 일도 생긴다.

S패밀리 회장

K의 고향은 안나푸르나로 유명한 포카라에서 서쪽으로 200킬로미터쯤 떨어진 지역이다. 한국인들에겐 패러글라이딩 명소로 알려진 곳이기도 하다. 이곳 사람들이 한국으로 많이 오게 된 이유는 분명치 않다. K는 "처음 한국에 온 사람들이 잘 적응했고, 지역사회 특유의 결속력이 수를 더 늘렸다"고 설명한다.

현재 K가 이끄는 공동체 회원은 300명 정도다. 동대문 지역에 모이는 네팔 모임 중 가장 규모가 크다. 물론 한자리에 300명이 모두 모인 적은 없다. K를 중심으로 연락 가능한 회원이 그 정도 된다는 것이다. "부부 또는 가족 단위로 나오는 경우가 많아 전체 회원 수는 더 많다"고 K는 말한다.

동대문 지역에서 S패밀리가 공식 모임을 시작한 것은 2009년 무렵이다. 동대문에서 자주 만나던 사람들이 각자 아는 친구들에게 연락해서 정식 모임이 만들어졌다고 한다. 첫 모임이 있고 석 달쯤 지나 K가 연락을 받았다. 그때는 회장 없이 총무만 두었는데 모임을 대표할 일이 생기면서 회장을 뽑게 되었다.

"처음에는 회장직을 안 맡으려고 했어요. 그런데 이런 일을 하면 나중에 누구를 도울 수도 있고 좋은 점도 있으니까 기꺼이 하게 되었어요."

S패밀리의 시작은 휴일에 모여서 축구를 하는 거였다. 그러다가 부모 없는 아이들을 알게 되었고, 조금씩 돈을 걷어서 그 아이들을 학교에 보내는 사회사업을 시작했다. 1년 동안 학교에 보낸 아이들만 12명이었으니 적지 않은 규모다.

2011년 네팔 서부 지역을 강타한 대지진 이후 S패밀리는 더욱 끈끈한 힘을 보여 주었다. 산사태가 발생해 많은 사람들이 죽고 마을 자체가 사라졌을 때 S패밀리는 800만 원을 걷어서 현지로 송금했다. 그때 앞장서서 모금 활동을 벌인 사람이 K였고, 회원들은 그를 S패밀리 초대 회장으로 선출했다.

1년 전쯤엔 S지역 출신 미등록 노동자가 사망했다. 회사에서 보상을 받을 수 없는 사건이다 보니 S패밀리에서 돈을 모아 시신을 수습했다. K는 고인의 아이들을 학교에 보내기 위해 따로 수백만 원을 모아 유족들에게 전했다.

"정신없이 일하는 와중에도 공동체 회원들 소식을 꾸준히 들어요. 기왕이면 고향 사람들이 잘 살았으면 하는 마음이 있어요. 동대문이라는 장소가 있으니까 서로 모여서 좋은 일도 할 수 있는 것 같아요."

K에겐 주말 저녁 동대문 나들이가 일종의 기분 전환 방법이다. 토요일 3시까지 일하고 2시간 30분 넘게 차를 타고 오면 피곤할 텐데 얼굴엔 오히려 웃음이 가득하다. 이곳에서 만난 사람들, 그들과 함께하는 일들이 그의 피로를 씻어 주는 모양이다.

그는 2009년 설날 연휴 때 동대문에 처음 왔다. 그때 다니던 회사가 울산이었으니 동대문까지 오려면 한나절 넘게 걸렸다. 마침 회사는 외환 위기 여파로 물건이 팔리지 않자 긴 휴가를 주었고, K는 서울 구경이나 해보자는 생각에 동대문을 찾았다.

인연인지 몰라도 울산 공장은 그 후 문을 닫았고, K는 동대문에서 지인으로부터 김포 공장을 소개받아 취업을 했다. 그때 동대문에 오지 않았다면 K의 삶은 전혀 다른 방향으로 흘러갔을 것이다. 그는 그날의 선택을 다행이라고 생각한다.

"사람이 살다 보면 어려운 일들이 생기잖아요. 혼자서 어떻게 해볼 수 없는 그런 일들요. 예전에는 누가 아프거나 다치면 손쓸 방법이 없었어요. 지금은 여기 동대문에서 연락하면 500-600만 원은 충분히 모을 수 있어요. 갈수록 돈 들어갈 일이 많아서 걱정이지만, 과거에 비하면 많이 좋아진 거죠."

한국인의 장점과 단점

K는 한국 생활에 쉽게 적응했다고 말한다. 1992년 처음 한국에 왔을 때부터 한국 음식이 입에 맞았을 만큼 그는 '한국 체질'이었다. 그래서 한국인 친구도 여럿 사귀었고, 공장 사장과도 두터운 친분을 쌓았다.

그럼에도 외국인으로서 넘기 힘든 벽을 종종 느낀다. 똑같은 말을 하더라도 한국인과 외국인 사이엔 어투가 다르다는 것이다. 특히 한국에 온 지 얼마 되지 않은 노동자를 함부로 대하는 사람들이 많다고 했다. 네팔 노동자들은 그럴 때 네팔 말로 조용히 감정을 드러낸다고 한다.

그의 두 차례 한국살이를 합하면 15년에 달한다. 그래서 이제 한국인의 장단점을 파악할 수 있게 되었다. 그는 한국 사람들이 일에 몰두하는 모습이 좋다고 했다. 한 가지 일을 잡으면 끝을 보고야 만다는 것이다. 어른들에게 예의를 갖추는 모습도 그가 꼽은 한국인의 매력이다.

반면 외국인에게는 불친절하고 불평등한 태도를 취할 때가 있다고 했다. 그는 생김새가 다르다는 이유로 한국 사람들이 자신을 경계하는 눈빛으로 바라보는 게 가장 싫다고 했다.

"네팔 사람이나 방글라데시 사람이 버스에 타면 표정이 바뀌어요. 옆에 있으면 그런 게 다 느껴지거든요. 싫어하는 얼굴을 보면 좀 마음에 걸려요. 나라가 가난해서 한국에 와서 일하는 것 뿐인데 그게 나쁜 건 아니잖아요. 무시받을 일도 아니고요. 저처럼 오래 살면 저 사람이 나를 좋아하는지 싫어하는지, 외국인이라고 다르게 보는지 다 알 수 있어요."

K는 법적으로 앞으로 2년간 더 일할 수 있다. 2년 뒤 그는 어떤 선택을 할까. 대답은 명확했다.

"네팔로 갈 거예요. 여기 오래 있었어요. 이제 가족이랑 함께 살아야지요."

그는 한국에서 배운 용접에 인생을 걸었다. 네팔로 돌아가면 용접 공장을 차릴 생각이라고 했다. 만일 그때까지도 용접할 만한 일거리가 없으면 한국어를 가르치면서 여생을 보내고 싶단다. 그래서 요즘 퇴근하면 틈나는 대로 TV를 켜고 한국 드라마를 시청한다. 덕분에 말하기와 듣기는 어느 정도 감을 잡았단다. 남은 기간에는 읽기와 쓰기에 좀 더 집중할 생각이다.

요리를 좋아하는 B

B(38세)는 봉제 공장 보조다. 재단사가 원단을 잘라 주면 미싱사가 작업을 하고, 보조가 마무리를 한다. B가 하는 일은 옷감에 끈이나 액세서리를 매다는 것이다.

공장과 집은 바로 옆이어서 8시 50분에 나와 9시까지 출근한다. 점심은 공장에서 먹고 아침과 저녁은 집에서 직접 해 먹는다. 그는 네팔에서부터 요리에 남다른 관심이 있어서 시장에서 직접 장을 보고 한 끼는 꼭 네팔식으로 만들어 먹는다.

일주일에 세 번은 야근이다. 야근이 없으면 6시 퇴근이지만 일이 많으면 9시가 넘어야 퇴근할 수 있다. 요즘은 일거리가 없어 야근이 줄었는데, 시간외수당도 같이 줄어 월급봉투가 얇아졌다.

야근이 없는 날이면 B는 친한 오빠가 운영하는 식당으로 간다. 월급을 받고 하는 일은 아니지만 주방에서 늦은 시간까지 음식을 만들고 설거지를 한다. 음식을 만들 때 살아 있다는 기분이 들기 때문이다.

"제가 일찍 요리를 배웠어요. 네팔 사람들은 남자든 여자든 어려서부터 자기가 먹을 것은 자기가 만들거든요. 우리 부모님도 어린 저에게 '자기 반찬은 자기가 만들어 먹을 수 있어야 한다'고 말씀하셨어요."

B의 집은 네팔에서 식당을 운영했는데 네팔식 국수와 만두를 직접 만들어 팔았다. 온 가족이 달라붙어 재료를 다듬고 음식을 만드는 일이 그는 즐거웠다. 그러다 남편이 미국으로 떠나고 자신도 한국으로 나오게 되었다고 했다.

B의 남편은 미국에서 주유소 일을 하고, 딸은 네팔에서 공부하고 있다. 가족이 네팔, 한국, 미국에 흩어져 사는 것이 힘들지 않느냐는 질문에, 그는 각자 서로에게 필요한 일을 하고 있다고 답

했다. 그에 따르면 현 상태로 가족들 모두 행복하다는 것이다.

B는 가족들을 만나는 시간을 맞추기 위해 시간을 촘촘히 조절한다. 네팔과는 시차가 3시간 30분이라 잠자리에 들기 전 전화를 하면 된다. 반면 미국은 밤낮이 반대여서 점심시간에 전화를 걸면 주유소 퇴근 시간과 얼추 비슷하게 맞아떨어진다.

B는 7년 전 네팔을 떠났다. 먼저 한국으로 간 친구들이 동대문에 오면 재미있는 일이 많다고 해서 왔다고 했다. 실제 이곳에 와 보니 친구들은 대부분 봉제 공장에 나가고 있었다. 그 친구들 집에서 지내다가 그냥 동대문에 눌러살게 되었다고 한다.

"친구가 곁에 있으니까 그냥 편했어요. 공장과 집이 가까우니까 일이 늦게 끝나도 걱정 없잖아요. 일요일은 다 쉬니까 친구들끼리 모여서 수다 떨고, 맛있는 거 만들어 먹고, 버스 타고 바다 구경도 다녀왔어요. 제가 요리를 좀 할 줄 아니까 네팔 음식 만들면 다 좋아해요."

요리를 좋아한 B는 맨 처음 식당에 취업했다. 그러나 요리에 재미를 붙이기도 전에 음식 나르고 설거지하다 지쳤다. 아침 9시부터 밤 10시까지 식당에서 일하고 나면 몸이 뻐근해서 아무것도 할 수 없었다고 한다.

봉제 공장 여성 노동자

B는 집도 공장도 동대문 근처이길 원했다. 봉제 공장은 그가 바라는 조건을 채울 수 있는 거의 유일한 직장이었다. 다행히 스물두 살의 젊은 사장이 B를 채용했고, 그곳에서 6년째 일하고 있다. 직원 9명 중에서 외국인은 2명으로 네팔 사람은 B가 유일하다.

B의 월급은 수당까지 합해 170만 원 안팎이다. 야근 일수에 따라 10-20만 원씩 차이가 나는데 B는 돈이 적더라도 야근을 안 하면 좋겠다고 한다. 봉제 공장에서 단추를 달면서 보내는 시간보다도 식당에서 음식을 만들 때가 더 좋기 때문이다.

B는 월급을 받으면 네팔에 있는 딸에게 필요한 만큼만 따로 보낸다. 딸이 필요하다고 하면 부족하지 않게 송금하지만, 자신의 미래를 위한 저축에도 신경을 쓴다. B의 생활비 중에서 가장 큰 몫을 차지하는 건 장보기에 드는 비용이다. 요리에 관심이 많은 만큼, 가능하면 좋은 재료를 사기 위해 많이 돌아다닌다. 그가 즐겨 만드는 음식은 양고기나 닭고기 요리인데, 어떤 재료를 쓰느냐에 따라 맛의 차이가 크다고 한다.

"제가 만드는 요리에 자부심이 있어요. 동대문 사는 친구들에게 양고기나 닭고기 음식을 해 주면 정말 맛있다고 해요. 식당에서 사 먹는 것과 다르다고 해요."

B는 시간 날 때 창신시장을 자주 돌아본다. 싱싱한 재료들을 눈여겨보았다가 나중에 그 집에 가서 산다. 그는 창신시장 때문이라도 동대문을 떠나고 싶지 않단다.

갈수록 동대문에 네팔 사람들이 많아지면서 식당도 늘었지만, B에겐 10퍼센트 부족해 보인다. 네팔 음식과 한국 음식을 섞다 보니 이도 저도 아닌 맛이 되었다는 것이다. 그래서 그는 식당에서 조리할 때 되도록 네팔 맛을 살려 내기 위해 노력한다.

또한 B는 동대문 거리에 네팔 여성을 위한 공간이 전혀 없는 게 아쉽기만 하다. 네팔 여성들이 즐겨 쓰는 향수나 화장품을 파는 가게가 하나쯤 생기면 좋겠다고 말한다. 물론 지금도 네팔 상점에 가면 직수입한 물건을 살 수 있다. 하지만 전문 상점이 있으면 여성들이 그곳에 모여 이야기도 나누고 차도 마실 수 있을 거라며 아쉬워했다.

B는 '한국에서 있을 수 있을 때까지 있겠다'는 목표를 세웠다. 언젠가 네팔로 돌아가겠지만, 그 시기를 최대한 늦추고 싶단다. 네팔로 가게 된다면 가장 먼저 식당 문을 열고 싶다고 했다. 옛날 가족들이 함께 운영했던 그 식당을 재현하는 것이 B의 꿈이다.

–

골목 안쪽에 자리 잡은 상점들.
경기가 예전만 못하지만 네팔어 간판의 상점이 네팔 타운을 지키고 있다.

Laziza
Cumin Seeds
GULAB JAMUN
SAKTHI

일자리 찾는 청년, 자니훔

자니훔(34세·가명)은 얼마 전까지 학생이었는데, 지금은 D-10 비자를 받아 일자리를 알아보고 있다. 그는 2010년 한국으로 유학을 왔다. 기독교 집안에서 자란 그는 네팔에서 신학을 공부하기 어려워 한국을 택했다고 한다. 한국에서 석사과정을 마쳤고, 틈틈이 사회복지학도 공부했다.

"인도로 갈까 한국으로 갈까 고민이 많았어요. 조사해 보니 인도는 아예 아르바이트가 불가능했어요. 한국은 방학 때 조금씩 돈을 벌 수 있다고 해서 이쪽으로 왔어요."

현행법상 유학생은 정규직으로 취업할 수 없다. 만일 불법으로 일하다 적발되면 강제 출국까지 감수해야 한다. 그래서 가난한 유학생이 한국에서 공부하려면 어떻게든 장학금을 받아야 한다. 자니훔도 장학금 덕분에 유학을 결심할 수 있었다. 운이 좋아 학비는 해결됐지만 생활비가 문제였다.

"공부도 공부지만 먹고살아야 하잖아요. 집에서 돈을 보내 주기 어려운 형편이에요. 할 수 없이 아르바이트를 해야 하는데 저에게 딱 맞는 일자리를 찾기가 참 힘들어요. 한국 정부에서는 유학생들에게 하루 4시간만 일할 수 있도록 하고 있는데, 그런 일자리가 많지 않거든요. 4시간 넘으면 불법이지만 사실 달리 방법이 없습니다."

하루 4시간만 일하고 생활비를 벌 수 있을까. 시간당 최저임금을 겨우 넘는 비정규직 아르바이트로 생활비를 마련하는 건 쉽지 않다. 자니훔은 위험부담을 무릅쓰고 하루 4시간이 넘는 야간 일자리를 알아보았다. 야간엔 수당이 붙어서 그런대로 벌이가 괜찮았다.

"사실 학생 비자로 왔으면 공부를 해야지, 일하면서 공부하면 안 된다는 건데요, 생활 자체가 안 되면 공부를 할 수 없으니 일자리를 먼저 생각할 수밖에 없어요. 밤늦게 몰래 일해야만 공부할 수 있는 현실이 참 안타까워요."

유학생에게는 하루 4시간만 일해도 생활비를 벌 수 있는 자리가 최선이다. 그러나 그런 자리가 많지 않다면 4시간 이상 일할 수 있는 예외 규정이 필요하다고 그는 주장한다. 이도 저도 안 되면 불법 행위를 할 수밖에 없다는 하소연이다.

자니훔이 일자리에 민감한 이유는 또 있다. 최근 그의 아내가 한국에 왔는데, 현행법상 유학생의 부인도 취업이 제한된다. 아내와 오래 떨어져 사는 게 힘들어서 함께 살기로 했는데 도리어 그것이 생활고를 부추긴 꼴이 되었다. 할 수 없이 자니훔의 부인도 아르바이트를 다니고 있다.

"우리 사정이 딱하니까 고향 사람들이 조금씩 도와줍니다. 생활비도 주고 부식도 주고 일자리도 소개해 주고요. 여기 동대문엔 그래도 아는 분들이 많아서 다행입니다."

자니훔은 신학이 전공이지만 영어 회화 실력도 상당한 수준이다. 그래서 영어 학원 강사 자리도 열심히 알아보았다고 한다. 그런데 대부분의 학원에서 아시아계 강사는 뽑지 않는다는 사실을 확인했을 뿐이다. 영어 실력과 무관하게 미국 아니면 캐나다 유학생들을 선호한다고 했다.

"사실 유학생들이 가장 쉽게 취업할 수 있는 업종이 학원 강사잖아요. 참 이상한 건 한국도 같은 아시아 국가이면서 아시아 사람을 아래로 봐요. 그리고 지금 한국에 네팔 사람들이 4만 명이 넘어요. 그러면 한두 군데쯤 네팔 말을 가르치는 학원도 있으면 좋겠는데 그런 자리는 없어요."

자니홈은 1년 전 석사 학위를 받고 곧바로 박사과정에 들어갈 생각이었다. 그러나 박사과정은 장학금을 받기가 어려웠다. 여기에 생활비 문제까지 겹쳐 일단 일자리를 알아보고 있다. 정식으로 취업하면 사업 비자로 바꿔 돈을 번 다음 다시 공부할 생각이다.

"한국과 네팔을 조금씩 알고 있으니까 양쪽을 연결하는 무역을 생각하고 있어요. 몇 가지 사업 아이템이 떠올라 일단 조심스럽게 추진하는 중이에요. 사업이 안정되면 먼저 신학 공부를 끝내야죠. 그 다음엔 신학과 사회복지를 연계해서 제가 하고 싶었던 사회사업을 시작할 생각입니다. 기회가 되면 이곳 동대문에 네팔 사람들이 먹고 자고 쉴 수 있는 공간부터 만들고 싶어요."

네팔 출신
신학박사를 꿈꾸며

자니훔은 일단 자신의 꿈을 뒤로 미뤘다. 나이를 생각하면 지금 공부에 매달려야 하는데 돈을 벌지 않으면 당장 네팔로 돌아가야 할 처지인지라 달리 선택의 여지가 없다. 석사과정을 밟으면서도 지인들의 일을 열심히 거들었던 그였지만, 요즘은 사업 구상에만 마음을 쓴다. 그의 입에서 "이제 저도 먹고살아야죠"라는 말이 불쑥 튀어나온다.

자니훔의 아내는 창신동 봉제 공장에 다닌다. 정식 일자리는 엄두도 못 내고 일손이 부족한 영세 공장을 다니며 아르바이트를 한다. 주로 옷감을 다듬거나 단추를 다는 보조적인 일이다. 일하는 시간이 들쭉날쭉하지만 그렇게라도 하지 않았다면 자니훔이 무사히 석사과정을 마치지 못했을지도 모른다.

"아내와 저는 수당이 많든 적든 닥치는 대로 일했어요. 재미있는 건 제가 한국 정부와 관련된 일도 했다는 거예요. 그런 일이 계속 들어오면 편하게 공부할 수 있겠지만 그게 참 어려워요. 아내와 둘이서 어떤 일을 끝내면 다른 일 찾고, 그거 끝나면 또 다른 일자리를 알아보고 그랬어요."

자니훔은 학교 때문에 지방에 살다가 동대문으로 왔다. 지방에서 학교를 다닐 때도 가끔 친구들 만나러 동대문에 오곤 했었는데, 본격적으로 일자리를 알아보면서 아예 동대문에 정착했다. 그는 동대문에서 많은 네팔 사람들을 만나며 사회복지 프로그램의 필요성을 더 절실하게 느꼈다고 한다.

"신학이나 사회복지나 다 어려운 사람들을 돕는 데서 출발하는 거잖아요. 제가 지금까지 공부한 것도 따지고 보면 현장에서 일하기 위한 건데, 동대문 와서 보니까 네팔 사람들이 처한 현실이 잘 보이더라고요. 자연스럽게 나중에 이 사람들을 지원하는 일을 해야겠다고 생각했어요."

자니훔은 네팔을 떠난 지 6년이 되었다. 그는 내심 6년이면 공부를 마칠 수 있을 거라 예상했다. 그러나 이제는 박사과정을 언제쯤 마칠 수 있을지 가늠할 수 없는 상황이 됐다. 계획이 흐트러지면서 아홉 살짜리 아들에 대한 그리움도 그를 괴롭히기 시작했다.

자니훔은 아들이 세 살 때 한국으로 왔다. 그 사이 아들은 아홉 살이 됐지만 자니훔은 6년간 한 번도 아들을 만나지 못했다. 아내가 몇 차례 네팔에 가서 할아버지와 함께 사는 아들을 만났을 뿐이다.

"당장은 마음이 아프지만 어쩔 수 없어요. 앞으로 시작할 사업이 잘되면, 아들도 여기 데려와서 공부시켜야죠. 아들이 한국에서 학교를 마칠 때쯤에는 저도 박사과정을 마치고 다시 네팔로 돌아가야지요."

그의 꿈은 네팔에서 신학을 가르치는 것이다. 힌두교와 불교가 강한 네팔에서 기독교를 전파하는 일이 쉽지 않겠지만, 그는 시간이 갈수록 환경이 좋아질 거라고 말한다. 네팔 사람이 외국에서 신학 박사 학위를 받아 오면 네팔 국민들의 시선도 달라질 거라는 얘기다.

자니훔의 삶은 한국에서 겨우 버티는 수준이다. 그럼에도 그는 한순간도 희망을 꺾은 적이 없다고 말한다. 더구나 한국에 대해 진심 어린 감사를 표한다.

"제가 볼 때 네팔 사람들이 한국에 감사할 부분이 많아요. 왜냐하면 많은 네팔 사람들이 한국에 와서 돈 벌어 가지고 집 사고 땅 사고 새로운 인생을 개척했잖아요. 한국도 예전에 그런 시절을 겪었지만, 지금 네팔은 한국 덕분에 엄청나게 달라졌어요. 제 가족도 그렇고 제 친구들도 그렇습니다."

봉제 공장 노동자가 된 간호사

모야(27세 · 가명)는 2009년 한국으로 왔다. 네팔에서 간호사로 2년 6개월간 일하다 간호학을 전문적으로 공부하기 위해 한국을 택했다. 처음엔 인천에 있는 친구 집에 머물며 진학을 준비하다 학비가 예상보다 비싸다는 사실을 알고 아르바이트를 시작했다. 3개월만 일하고 공부를 시작하려 했으나 어느덧 8년째 노동자로 살고 있다.

모야는 친구들이 많고 일자리도 많은 동대문으로 2011년 이사했다. 공부만 하던 학생이 늦게까지 일하다 보니 여기저기 탈이 났는데, 그때 가장 먼저 친구들이 생각났다. 그래서 친구들과 쉽게 만날 수 있는 창신동 시장 골목에 방을 얻고 본격적으로 봉제 공장에 다니기 시작했다.

모야는 바쁜 와중에도 책을 놓지 않았다. 낮에는 한국어를 배우고 쉬는 날이면 신학을 공부했다. 신학은 간호학보다 학비 부담이 적고 공장 근처에 학교가 있어서 관심을 갖게 되었다고 한다. 네팔에서도 교회를 다니긴 했지만 한국까지 와서 신학을 배우리라고는 예상하지 못했다. 그는 간호학을 공부할 때처럼 열심히 했고 마침내 석사 학위까지 취득했다.

그는 봉제 공장에서 오후 4시부터 새벽 4시까지 일했다. 잔업이 있으면 새벽 6시까지 일하기도 한다. 옷감을 자르고 단추를 다는 일은 전문성이 필요하지 않으나 체력 소모가 크다. 간호사로 야간 당직을 수도 없이 섰지만 봉제 공장 철야 노동은 차원이 달랐다. 해가 뜰 무렵 일을 마치고 나면 온몸이 쑤시고 아팠다.

모야는 정식 직원이 아니어서 정해진 월급이나 수당이 없고 작업량만큼 공임을 받았다. 일요일만 빼고 일하면 대략 150만 원 정도가 수중에 들어왔다. 그는 이 돈으로 방세를 내고, 용돈을 쓰고, 학비를 대고, 네팔 가족들의 생활비까지 충당했다. 스물두 살 젊은 시절, 그는 기계처럼 쉬지 않고 일했다.

하지만 봉제 공장은 일감이 몰릴 때는 너무 바쁘다가도 일감이 떨어지면 어쩔 수 없이 놀아야 할 정도로 한가했다. 그래서 늘 수입이 일정하지 않았고 그러다 보니 학업도 생활도 늘 불안했다. 그래서 새로 옮긴 일자리가 24시간 멸치국수 식당이었다. 그는 일당이 센 야간을 지원했는데 저녁 6시부터 아침 6시까지 음식을 나르고 설거지를 했다. 주인은 가끔씩 들러서 정산만 하고 돌아갔다.

"사장님도 없고 거의 혼자서 일했어요. 처음 3개월은 손님 주문을 제대로 못 받아서 고생했어요. 계산도 안 맞아서 많이 혼났어요. 사장님이 일 못한다고 월급을 계속 미루더니 나중엔 한 달을 미루더라고요. 그래서 그만뒀어요."

식당을 나온 뒤 그는 다시 봉제 공장을 수소문했다. 쉽게 얻을 수 있는 자리는 그쪽밖에 없었다. 그러다 봉제 공장보다 수입이 많은 청바지 공장에 취업했다. 모야는 이미 봉제 공장에서 보조 업무를 경험했기 때문에 중간 관리자 대우를 받았다. 그는 봉제 공장 생활을 어렵게 한 것이 도움이 됐다고 회고한다.

이제 모야는 청바지 공장에서 11시간을 일한다. 야간이 아니라 주간에 일하는 것이 편하다고 말한다. 봉제 공장에서 밤을 새우며 일했던 것에 비하면 수월한 편이다. 월급도 수당까지 합치면 220만 원 정도라 괜찮은 편이다. 늦어도 8시 전에 퇴근할 수 있게 되어 그는 비로소 '저녁이 있는 삶'을 찾았다. 그는 이 시간을 쪼개 제빵 기술을 배우기 시작했다.

태어나자마자 네팔로 보낸 아들

모야는 2011년 10월 동대문 3번 출구 옆 네팔 식당 에베레스트에서 결혼했다. 신랑은 함께 청바지 공장에 다니다 만난 네팔 노동자였다. 두 사람은 네팔에서 미리 주문한 의상을 입고 부부의 연을 맺었다. 100여 명이 넘는 친구들이 좁은 식당을 가득 메웠다.

"네팔이었다면 양가 친척들이 모두 모여 잔치를 벌였겠지요. 하지만 장소가 한국이다 보니 부모님은 못 오셨어요. 아버지가 많이 아파서 어머니가 간호를 하고 있거든요. 남편도 부모님은 안 오시고 삼촌이 대신 참석했어요."

결혼하고 이듬해인 2012년에는 두 사람 사이에 아들도 태어났다. 그러나 그들은 한국에서 아이를 키울 수 있는 형편이 아니었다. 그래서 남편이 태어난 지 4개월 된 아들을 네팔로 데려가 시어머니에게 맡기고 돌아왔다. 모야는 2년 뒤 아이를 데려와서 돌보려 했지만 일과 학업을 병행하기 어려워 3개월 만에 다시 돌려보냈다. 아들과 다시 헤어지던 날 모야는 많이 울었다.

"이렇게 살고 싶지 않은데 다른 방법이 없어요. 아기가 행복했으면 좋겠는데, 지금으로선 어쩔 수가 없네요. 다섯 살이면 네팔에서는 2학년이에요. 세 살 때쯤 한국 왔을 때는 저를 '엄마'가 아니라 '이모'나 '누나'라고 불렀는데, 요즘은 영어로 '마미'라고 하네요.

엄마보다 할머니를 더 좋아하는 것 같아 섭섭하기도 하고 슬프기도 하고 그래요."

모야의 남편은 네팔에서 영문학을 공부해 석사 학위를 받았다. 그래서 영어 강사 자리에 여러 차례 도전했지만 번번이 떨어졌다. 남편이 떨어진 자리에 러시아 사람이 합격했는데 남편은 러시아인의 엉성한 영어 발음을 듣고 놀랐다고 한다. 그날 이후 남편은 "한국에서는 미국 사람 비슷하게 보여야 영어 선생을 할 수 있다"는 결론을 내리고 공장으로 돌아갔다.

두 사람은 함께 출근하고 함께 퇴근한다. 법대로 하자면 두 사람은 정규 일자리를 가질 수 없지만 고용주의 배려로 같이 일하고 있다. 두 사람 모두 지금처럼 불편한 상황을 오랫동안 유지할 생각은 없다. 그들은 하루라도 빨리 자신들이 정말 하고 싶은 일을 시작하고 싶어 한다.

모야의 꿈은 이제 간호사가 아니라 목사님이다. 바쁜 와중에도 매주 개척 교회를 찾아다니며 목회 활동을 하는 이유가 여기에 있다. 그는 교회에 자리가 나면 언제라도 공장을 그만둘 거라고 말한다. 그러나 개인적으로 친분이 있는 교회들도 외국인을 채용하는 데는 인색하다. 모야는 자신이 실력을 더 쌓으면 언젠가 기회가 오리라 믿고 있다.

모야에 따르면 남편도 요즘 신학 공부에 관심이 많아 모야에게 종종 "부부 목사가 되는 것도 좋지 않겠느냐"고 말한다. 모야도 자신이 먼저 교회에 취직하면 남편이 공부할 수 있도록 도울 생각이다. 운이 좋아 두 사람 모두 교회에 자리를 잡으면 네팔에 있는 아이까지 데려와 한국 학교에 보냈으면 하는 바람이다.

모야는 훗날 동대문에 교회를 지었으면 한다. 함께 신학을 공부한 목사님 이름을 따서 교회 이름도 '프란치스코'라 정해 두었다. 그는 교회를 중심으로 이주민 상담, 한국어 수업, 사회봉사, 건강 검진 등을 연계하는 프로그램을 구상하고 있다. 모야는 그 일을 하기 위해 얼마나 많은 돈이 필요한지 잘 알고 있다. 그래서 두 사람은 요즘 한 달 수입에서 네팔로 보내는 양육비와 최소 생활비만 빼고 전액을 저축하고 있다.

7장

유토피아 또는 디스토피아

모르겠습니다…

Maile-bu-jhina

(마일레 부 지나)

네팔 대사컵 축구대회

2016년 10월 23일 동두천 종합운동장은 이른 아침부터 북적거렸다. 가랑비가 쏟아지는 가운데 축구 유니폼 차림의 네팔 이주 노동자들이 수십 명씩 무리를 지어 입장했다. 주한 네팔 대사관이 주최하는 '대사컵' 축구 대회에 참석하기 위해서다. 한국에서 진행되는 네팔 이주민 체육 행사 중에서도 전통과 권위를 자랑하는 대회이다. 우승을 목표로 한 팀들은 전날 일찍 도착해 여관에서 자고 몸 상태를 조절한다고 했다.

22개 참가팀은 2개 경기장에서 승자 진출전을 치렀다. 멀리서 유니폼 색깔만 살피면 FC 바르셀로나, 레알 마드리드, 맨체스터

유나이티드 FC, 첼시 FC 등 유럽 축구 명문 클럽의 경기를 닮았다. 골이 들어갔을 때 선수들이 응원단 앞에서 펼치는 골 세리머니도 월드컵에 뒤지지 않는다. 그러나 빗물에 쉽게 미끄러지는 인조 잔디 구장에서 선수들의 몸은 의욕을 따라잡지 못해 자주 웃음을 선사했다.

참가팀은 네팔 출신 지역 또는 한국 거주 지역을 기준으로 나누었다. 선수는 어디든 한쪽 팀에서만 뛸 수 있다. 전후반 각 20분 경기가 끝날 때마다 희비가 엇갈렸다. 패한 팀은 경기장 바깥에서 술과 음식을 나누어 먹었고, 이긴 팀은 스탠드 밑으로 자리를 옮겨 다음 경기를 준비했다. 응원 나온 가족과 친구들은 핫도그, 번데기, 순대, 소시지를 사서 땀에 젖은 선수들을 먹였다.

이기고 있다가 마지막에 역전을 당한 팀 선수들이 가방을 쌌다. 축구는 졌지만 모처럼 한자리에 모였으니 기분 좋게 술을 마시러 간다고 했다. 그들의 목적지는 물론 동대문이다. 바빠서 동두천까지 오지 못한 고향 친구들도 동대문에서 합류하기로 했다.

이날 저녁 동대문역 3번 출구는 평소보다 붐볐다. 축구 경기를 마친 선수들과 응원단은 창신동 골목에서 뒤풀이를 했다. 동두천에서 동대문까지 가려면 전철로 1시간 넘게 걸리는 데도 그들은 동대문을 고집했다. 대개 일요일 저녁은 다음날 출근을 생각해서 쉬지만 모처럼의 만남은 그 자체로 즐거운 휴식이 되었다. 추석 연휴가 그러했듯이 이날 밤, 창신동 네팔 식당은 늦게까지 들썩거렸다.

네팔 타운, 그 막연함에 관하여

네팔 타운은 동대문에 현실로 존재한다. 네팔인들 스스로 그곳을 자신들의 영역으로 여긴다. 그곳에 '네팔' 브랜드를 앞세운 식당이 여럿이고, 네팔인들이 일하는 공장도 많고, 네팔인들이 집단적으로 거주하는 달동네도 있다. 일하고 먹고 잠까지 잘 수 있는 동네이니 '타운'이라 불러도 무방하다.

그러나 창신동에서 오래 거주한 네팔인들은 '타운'으로 부르기엔 부족한 점이 많다고 말한다. 무엇보다 공식성이 없다는 것이다. 차이나타운처럼 중국 색깔로 물든 것도 아니고, 그렇다고 한국 정부나 지자체에서 '네팔 마을'로 지정한 것도 아니므로 그냥 '동대문'으로 부르는 것이 적절하다는 얘기다.

네팔 타운 만들기에 적극적이었던 K는 네팔인들 스스로 적극성을 보여야 한다고 말한다.

"앞으로 이렇게 하자거나 여기서 축제 같은 걸 만들어 보자 하는 움직임이 전혀 없어요. '네팔 거리'라고 하려면 뭔가 네팔 색깔을 강하게 보여 줘야 하는데 그런 게 모자라요. 네팔 사람들이 모여서 행사도 하고 길거리 청소도 하면서 한국 사람들에게 놀러오라고 하면 자연스럽게 '네팔 마을', '네팔 타운', 그렇게 불리지 않을까 싶어요."

그에 따르면 네팔 사람들이 먹고살기 바빠서 함께 일을 추진하기가 어렵다고 했다. 그래서 외지인보다는 동대문 거주자들이 먼저 일을 시작해야 한다는 주장이다. K는 네팔 사람들이 워낙 다양해서 그냥 모이라고 하면 되는 일이 없다는 말도 덧붙였다.

"자신이 속한 공동체에서는 친하지만 전체가 어울리기는 아주 어려워요. 옛날엔 네팔 공동체가 하나밖에 없어서 잘 뭉쳤지만, 지금은 100개가 넘어서 누가 무슨 얘기를 해도 잘 안 먹혀요."

뿌자 식당 사장 럭스미도 네팔인들의 노력이 미흡하다고 지적한다. 그는 네팔 타운 공식화를 위해 직접 네팔 대사관에 찾아가는가 하면 네팔 공동체 회장들도 여럿 만났다고 했다. 그러나 저마다 의견이 달라 함께 일을 추진하기가 어려웠다고 털어놓았다.

"네팔 타운이라고 와 봐야 식당만 있으니까 한국 정부에서도 특별히 지정할 이유가 없는 거죠. 대사관도 소극적이고, 네팔 거주인 연합 단체인 NRNNon Resident Nepali Association, 주한네팔인협회도 손을 놓아 버렸고…. 일이 되게 하려면 사람들을 열심히 만나서 설득해야 하는데 정작 나설 사람이 없어요. 우리 몇 사람이 나선다고 될 일이 아니에요."

종로와 명동에서 식당을 운영하는 민수 씨는 작은 프로그램부터 시작하는 게 좋겠다고 말한다. 처음부터 '네팔 타운'이라고 이름을 붙이면 실제로 그에 어울리는 일을 찾기가 어렵다는 것이다.

"동대문에서 필요한 게 무엇인지부터 고민하면 좋겠어요. 가령 네팔어 통역이 필요한 사람, 네팔 사람과 관련한 사건에 대해 상담이 필요한 사람 같은 거 있잖아요. 먼저 이런 걸 할 수 있도록 장소부터 만들어야지요. 그런 곳이 외부에 알려지면 거기서 사람들이 모이고 그 사람들이 다른 행사를 만들고 그렇게 발전할 수도 있잖아요."

민수 씨는 네팔 공동체 대표를 맡은 사람들이 지나치게 폐쇄적이라는 의견도 밝혔다. 공동체 대표 자격으로 서울시 관계자나 대사관 직원을 만나고 나면 그 내용을 네팔 사람들에게 널리 알려야 하는데, 외부에 알려지는 일이 거의 없다는 것이다. 그에 따르면 네팔 타운 지정 문제도 서울시 관계자와 초보적인 수준에서 논의를 진행했으나, 현재 아무도 구체적인 결과를 모른다고 했다.

실제로 서울시 관계자와 누가 만났는지를 여러 경로로 확인했으나 세부 내용을 파악하기 어려웠다. 수년째 네팔 공동체 사이에서 서울시 공무원 누군가를 만났는데 관심이 많더라는 소문만 나돌 뿐이었다. 서울시가 이미 수립한 1단계 도시재생 활성화 계획에도 외국인에 관한 내용은 없다. 그나마 다행이라면 서울특별시 도시재생센터가 2단계 사업으로 이주 노동자를 고려하고 있다는 사실이다.

"동대문이 재개발 지역으로 지정됐다가 해제되는 과정에서 네팔인들은 전혀 목소리를 내지 못했어요. 한국인들처럼 네팔인들도 골목과 시장에 추억이 있잖아요. 그렇다면 그곳을 앞으로 어떻게 꾸밀 것이냐에 대해서 네팔인들 스스로 의견을 모을 필요가 있는데, 그런 논의가 전혀 없어요. 저는 네팔 사람들이 창신동을 통해 한국인들과 활발하게 소통하는 구조를 만들어 내는 것이

동대문 골목에 늘어선 네팔마트는 사람과 정보가 모이는 사랑방이다. 월급 타면 이곳에 들러 고향으로 보낼 선물부터 고르는 이주 노동자들이 많다. 이번 달엔 무얼 보내야 가족들이 기뻐할까를 생각하는 것만으로도 설레는 일이다. 1970년대 구로공단으로 떠난 자식들이 소포로 부친 선물을 방바닥에 펴놓고 우리네 부모들은 또 얼마나 즐거웠던가.

어쩌다 네팔에서 맛난 반찬이 들어오는 날이면 그 마을 커뮤니티가 파티를 연다. 누군가 아프거나 다쳤다는 소문이 들리면 번개를 때리고 십시일반 성금을 걷는다. 몇 년 꾹 참고 목돈 장만해 금의환향하는 꿈을 키우면서도, 집에 무슨 일이 생겼다 싶으면 하루 속히 돌아갈 궁리하느라 바쁘다. 일터가 다를 뿐 그네들도 기름밥을 먹는 노동자들이고 타향살이에 지친 청춘이다.

"이러다가 우리 어머님도 돌아가시면 어쩌나. 그런 생각이 드니까 되도록 자주 가보게 되더라고요. 공장이 아무리 바빠도 아내와 번갈아 가보려고 합니다. 이번 겨울엔 아내가 아이들 데리고 네팔 가고 제가 공장을 지키기로 했어요."

SWEATER: 38,000
KOREA

무엇보다 중요하다고 봐요."

동대문에 사는 우다이 씨는 네팔 타운에 다소 비관적이다. 동대문을 찾는 네팔인들의 절대 다수가 타운 조성의 필요성을 느끼지 못한다는 것이다. 그냥 몇 년 살면서 돈 벌 생각만 하는 사람이 대부분이므로 자신들이 떠난 이후의 동대문 거리에는 별 관심이 없다고 했다.

"그런 일을 하려면 뭔가 헌신적인 사람이 있어야 해요. 자기가 좀 손해를 보더라도 네팔인 전체를 위해 희생하는 모습. 그런데 그런 사람들이 갈수록 줄어드는 것 같아요. 요즘은 창신동에서 모임을 미리 공지해도 늦게 나오는 사람들이 많아요. 게다가 젊은 사람들은 네팔 식당이 조금 비싸다고 그냥 한국 식당 가서 밥 먹고 일찍 헤어져요."

우다이 씨도 민수 씨처럼 작은 일부터 시작하면 좋겠다는 쪽이다. 구체적인 예로 미로처럼 얽힌 창신동 골목에 일방통행 표지판을 달아 동네 한가운데서 차가 막히는 일이 없도록 하자는 아이디어를 제시했다. 네팔 사람들이 이런 일을 추진하면 이미지 개선이 될 것이고, 그런 기회를 통해 차츰 도로 표지판이나 골목 현수막에 네팔어도 넣을 수 있을 거라는 의견이다.

세계 곳곳에 소수민족 타운이 있다. 중국처럼 이주민이 압도적으로 많은 나라를 제외하면 타운의 형성 과정에 정부의 역할이 매우 중요하다. 한국도 주요 국가에 코리아타운이 자리를 잡을 때 대사관과 교민 단체의 협력이 큰 힘을 발휘했다.

주한 네팔 대사관 키런 샤캬(37세) 부대사는 동대문 네팔 타운에 긍정적인 반응을 보였다. 그러나 대사관 측에서 특별히 지원하는 건 없다고 말했다. 그는 "네팔 내부에 100개가 넘는 언어와 민족이 있고, 계급 차별이 여전하며, 125개 정당에 따라 정치적 견해가 다양해서 의견을 통일하기가 매우 어렵다"고 했다.

키런 샤캬 부대사는 "네팔 타운은 네팔 공동체 스스로 만들어야 할 문제이지 정부가 지원할 사안이 아니다"라고 강조했다. 대사관 측의 이러한 의견에 대해 네팔 공동체 대표자들의 반응은 비판적이다. 대사관을 자주 드나드는 한 관계자는 "네팔 타운은 고사하고 자국민이 산업재해를 당해도 제대로 대응하지 못하는 수준"이라고 꼬집었다.

네팔 하우스의 명암

동대문이 네팔인들의 중심지로 자리 잡던 2008년 무렵에 네팔인 쉼터가 처음 생겼다. 어려운 처지에 놓인 노동자들이 일정 기간 먹고 잘 수 있는 숙소를 만들자는 게 설립 취지였다. 네팔에서 가수 한 명을 불러 공연을 하고 그 자리에서 모금을 통해 보증금을 마련했다. 창신동 골목에서 시작한 네팔 쉼터는 원남동으로 옮겼다가 2년 전 신설동으로 이사해 네팔 하우스로 다시 문을 열었다.

적지 않은 네팔인들이 원남동 쉼터를 기억한다. 집을 구하지 못한 노동자들이 그곳에서 숙식을 해결하던 시절이었다. 그래서 동대문에 네팔인들이 많아질수록 그런 쉼터가 늘어나야 한다고 주장하는 사람도 있다. 그러나 원남동 쉼터를 비판하는 사람도 있다. 아무도 관리를 하지 않아 안전사고의 위험성이 크다는 것이다. 실제로 원남동 쉼터에서는 두 차례나 불이 날 뻔했고 칼부림 사건도 한 차례 발생했다고 한다.

신설동으로 옮길 때는 서울과 부산에서 대규모 공연을 개최했는데 그때도 네팔에서 유명 가수와 코미디언을 초청했다. 그때 모인 돈이 2억 원을 넘은 것으로 알려져 있는데 안타깝게도 이때부터 쉼터의 기능은 사라지고 행사장으로 성격이 바뀌었다. 주말에만 모임 장소로 활용될 뿐 평일에는 아무도 찾지 않는 빈 사무실이 되었다. 최근엔 전·현직 NRN 회장이 모금액의 행방을 놓고 독한 입씨름을 벌이기도 했다.

처음 네팔 하우스를 찾았을 때 출입문은 잠겨 있었다. 입구엔 3개월치 전기세 16만 720원을 기간 내 납부하지 않아 전기 사용 계약을 해지한다는 한국전력공사의 통지문이 붙어 있었다. 두 번째 방문했을 때는 다행히도 전기세를 납부한 상태였으나 내부는 정돈되지 않은 상태였다. NRN 라주 회장(43세)은 "내가 네팔 하우스를 관리하지만 직접 쓸 수 있는 돈이 전혀 없다"며 전임 회장에게 책임을 돌렸다.

NRN은 1년 전 선거를 통해 새로운 집행부를 선출했다. 그러나 회계 인수인계가 이루어지지 않아 돈은 전임이 관리하고, 운영은 후임이 하는 불편한 관계가 설정됐다. 라주 회장은 매달 건물주에게 내는 월세도 전임 회장이 지급한다며 불만을 털어놓았다.

라주 회장에 따르면 NRN과 네팔 하우스는 네팔 대사관에서 인정한 유일한 공식 공동체다. 그래서 네팔에서 공무원이 출장을 오거나 외빈이 한국을 방문하면 NRN이 네팔 하우스를 중심으로 행사를 주관한다고 했다. 네팔 노동자가 다치거나 사망하는 사건이 발생했을 때도 자신이 NRN 회장 자격으로 현장을 찾아가서 경위를 파악한다고 했다.

그러나 네팔 대사관 측의 설명은 다르다. 대사관은 NRN이나 네팔 하우스를 직접 지원하지 않으며 네팔 하우스는 자체적으로 운영되는 공동체 공간이라는 얘기다. 대사관 측은 "NRN과 네팔 하우스는 현재 잘 운영되고 있다. 네팔 이주민들이 며칠 동안 머물 수 있는 집이 있어서 좋다"며 현실과 동떨어진 주장을 했다.

라주 회장은 2001년부터 동대문에 살았다. 네팔에서 태권도 선수였고 2008년엔 한국에서 열린 세계태권도대회에 참가해 금메달을 따 화제가 됐다. 그는 "네팔 하우스가 하루 빨리 정상화되기를 바란다. 내 임기가 끝나기 전에 회계가 안정되면 네팔 하우스에 예전처럼 쉼터를 만들 생각"이라고 했다.

라주 회장의 전임자는 비노두(44세, 한국명 서민수) 회장이다. 그는 네팔 쉼터를 처음 만들 때부터 참여했다. 당시 오갈 데 없는 노동자들은 주로 종교 시설 쉼터에 머물렀는데 그는 이것이 네팔인들에게 좋지 않다고 생각했다. 그래서 네팔인들이 직접 모금하게 해서 쉼터를 열게 되었다고 한다.

2014년 그가 NRN 회장으로 선출됐을 때 장부상 회계는 1500만 원 적자였다고 한다. 그는 재정 문제를 해결하기 위해 공연을 기획하고 네팔 공동체 대표자들을 직접 찾아다니며 기부금을 받았다. 그렇게 모은 돈으로 쉼터와 행사장을 겸할 수 있는 사무실을 찾았지만 조건이 맞지 않았다. 6개월 넘게 사업을 미뤄 두고 뛰어다닌 결과 신설동에 전세로 네팔 하우스를 열 수 있었다. 창신동이 아니라는 이유로 숱한 원망을 들었지만 그는 달리 방법이 없었다고 한다.

모금한 돈이 사라졌다는 세간의 주장에 대해 그는 터무니없는 모함이라고 일축했다. 장부상으로는 돈이 많았지만 실제로 돈을 내겠다고 하고 입금하지 않은 사람이 많았다는 얘기다. 더구나 신설동 사무실을 마련하면서 빚을 정리하고 이사 비용에 인테리어 공사까지 마치고 나니 4000만 원 정도 남았다는 것이다. 그는 "적자로 시작해서 사무실까지 만들었으면 박수를 받아야 하는데 오히려 욕을 먹고 있다"며 후임 집행부에게 서운한 감정을 내비쳤다.

"저는 채무를 정리하고 사무실을 마련한 것으로 책임을 다했어요. 모금할 때도 제가 520만 원을 냈는데 가장 많이 낸 셈이죠. 어렵게 만들어서 넘겨주었으면 새로운 집행부가 사업 계획을 잘 수립해서 추진해야 하는데, 다달이 보증금만 까먹으면서 저를 욕하고 있으니 답답한 노릇입니다."

전직 회장과 현직 회장의 셈법은 다르다. 그러다 보니 네팔 공동체에서는 NRN이 이러려고 네팔 하우스를 만들었냐라는 불만이 많다. 어렵게 사는 사람들이 십시일반으로 모은 돈이 어느새 모두 사라질 지경이 되었기 때문이다. 동대문에서 자주 모임을 갖는 공동체의 한 관계자는 "네팔 하우스가 이대로 문을 닫으면 다시 그런 장소를 만들기는 어려울 것"이라고 말했다.

문제를 풀기 위한 전제 조건은 전·현직 NRN 회장의 솔직한 대화다. 그러나 두 사람 모두 서로에 대한 불신이 깊었다. 전임 회장은 "내가 나서면 될 일도 안 되는 상황이다. 앞으로는 조용히 살면서 보이지 않게 네팔 사람들을 도울 생각"이라고 불편한 속내를 드러냈다. 반면 후임 회장은 "원인을 제공한 사람이 먼저 해결책을 제시해야 사태가 풀린다"고 말했다.

무료 진료가 반가운 사람들

2016년 11월 27일, 창신2동 종로구 보건소 동부 진료소를 찾았다. 매월 마지막 주 일요일이면 이곳에서 새길교회 의료 봉사단의 무료 진료가 진행된다. 보건소 방문자는 하루 평균 30-40명, 자원봉사단은 접수, 진료, 처방으로 나뉘어 하루 3-4

시간 환자를 만난다.

새길교회의 무료 진료는 4년 전 시작됐다. 자유롭게 병원에 갈 수 없는 미등록 이주 노동자들을 돕기 위해서였다. 새길교회 김상현 선교부장은 "몇몇 네팔 공동체가 대사관 측에 도움을 청했으나 확실한 답을 듣지 못하자 한국의 지인들에게 지원을 요청했다고 들었다. 새길교회가 이 소식을 듣고 의사인 성도 2명과 함께 진료를 추진하게 되었다"고 말했다.

창신동 지역 네팔 여성 노동자 단체인 우먼포우먼의 버드마 총무(42세)가 무료 진료 장소에 도착했다. 그 뒤로 8명의 여성 노동자가 들어왔다. 버드마 총무는 서울역 부근 봉제 공장에서 일하는데 주말마다 창신동으로 넘어와 쉼터 여성들을 돌본다. 방세, 가스비, 전기세를 처리하고 환자를 살피는 게 그의 임무다. 새길교회 무료 진료는 그의 부담을 크게 덜어 주었다.

진료는 내과와 가정의학과로 구분된다. 보건소 중환자실을 반으로 나눠 진료를 실시하고 처방에 따라 현장에서 약을 조제했다. 최근 네팔인들에게 가장 많이 나타나는 증상은 고혈압이라고 했다. 의료진에게 원인을 묻자 양고기 등 육식을 선호하는 식생활과 관련이 있을 것 같다고 했다. 고혈압은 장기간 약을 복용해야 하는 질환이어서 약을 충분히 준비한다는 말도 덧붙였다.

병증이 가벼운 환자는 무료 진료로 충분하다. 그러나 상태가 중할 경우엔 문제가 복잡하다. 인근 동부시립병원에서 엑스레이 촬영까지는 지원해 주지만 수술이나 입원이 필요할 때면 여기저기 후원을 요청해야 한다. 치과 환자도 장비와 의료진이 없어서 현재로서는 속수무책이다. 가끔 적십자병원에서 병원비를 할인해 주고 있지만 임시방편일 뿐이다.

새길교회는 30년 전 생겼으나 교회 건물이 없다. 일요일 오전 청소년수련원을 빌려 기도하고 오후엔 봉사 활동을 다닌다. 김상현 부장은 "4년 전 처음 동대문에 네팔 여성들이 많다는 얘기를 듣고 성도들이 사는 곳을 직접 방문했는데 3-4평 집에서 10명이 자는 쪽방도 있었다"며 새길교회가 이곳을 찾게 된 배경을 설명했다.

새길교회는 우선 숙소를 큰 곳으로 옮기기로 하고 300만 원을 모았다. 뿌자 식당 럭스미 씨는 "보증금과 후원금을 합쳐 동대문에 우먼포우먼을 마련할 수 있었다"고 말한다.

네팔 여성 쉼터
우먼포우먼

우먼포우먼은 창신동 뒷골목 단독주택 옥탑방에 위치해 있다. 방 2개에 부엌 딸린 거실과 화장실이 있다. 사람이 많을 때는 18명까지 머물렀으나 요즘은 10명을 넘지 않는다. 네팔 공동체를 통해 널리 알려져 일주일에 한두 번쯤 위치를 묻는 전화가 걸려온다. 경남 밀양 비닐하우스에서 깻잎을 따던 리따 씨

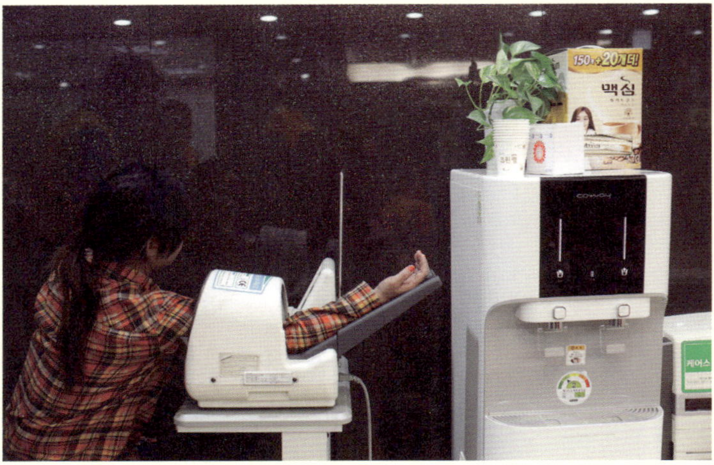

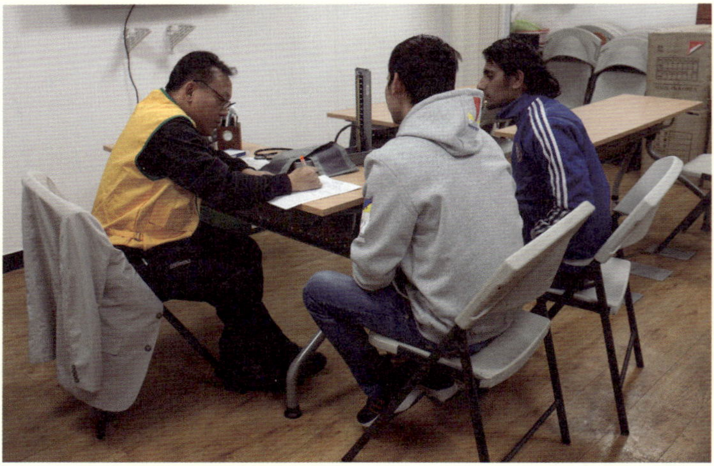

–

무료 진료 현장.
새길교회는 4년 전부터 한 달에 한 번, 이주 노동자들의 건강을 돌보고 있다

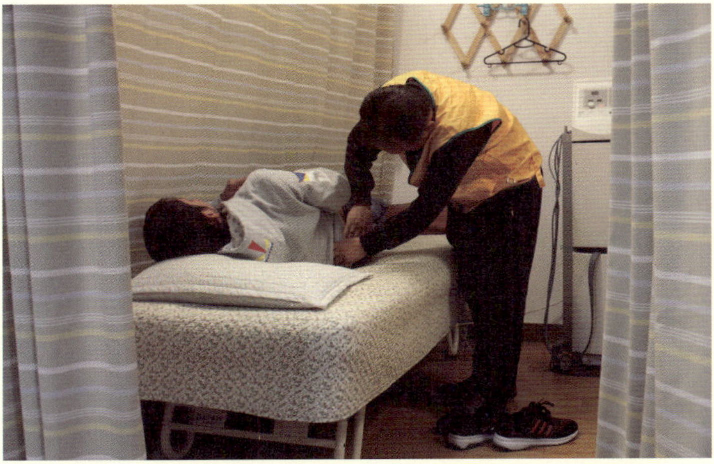

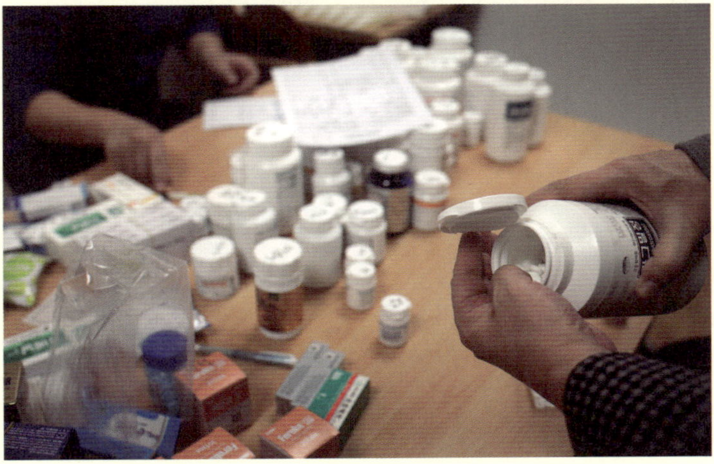

(28세)도 그렇게 해서 동대문역 3번 출구로 찾아왔다. 그는 하우스 생활을 견딜 수 없어서 농장을 나왔다고 했다.

리따 씨는 농장에서 나오기 위해 월급 100만 원을 고용주에게 반납했다. 돈을 내놓지 않으면 사업장 이동을 허락할 수 없다고 해서 어쩔 수 없이 돈을 돌려주고 나왔다. 그는 "새로운 일자리가 나올 때까지 여기서 지낼 생각"이라고 말했다.

잠시 머물다 가는 쉼터라지만 우먼포우먼은 비좁았다. 여성들은 개인 짐을 캐리어에 담아 옥탑 계단에 올려놓고 편한 복장으로 생활했다. 서로에게 민폐를 끼치지 않기 위해 10시 취침, 8시 기상을 생활 규칙으로 정했다. 그러나 관리인이 따로 있는 게 아니라서 누가 들어오고 누가 나갔는지 알지 못한다. 럭스미 씨는 "들어올 때는 전화라도 하지만 일단 나가면 연락이 없다"며 아쉬워했다.

"여기 와서 갑자기 요로결석이 생긴 아이가 있었어요. 우선 급하니까 제가 보증을 서서 수술을 받게 하고 병원비 640만 원을 개인 카드로 지급했는데, 아직도 70만 원을 못 받았어요. 말하지 못할 만한 사정이 있겠지만 그런 게 솔직히 서운해요."

럭스미 씨의 가게에서 우먼포우먼까지는 걸어서 3분 정도 걸린다. 골목을 돌아 계단을 오를 때마다 그는 봉제 공장 노동자 시절을 떠올린다. 그래서 그나마 쉬어갈 수 있는 공간이 생긴 걸 다행으로 여긴다.

"지금이야 도와주는 데가 많이 생겼지만, 예전엔 폭행 당하고 쫓겨나고 그러면 갈 곳이 없어요. 그런 아이들이 동대문으로 오면 어떻게 하겠어요? 우리 집에서 병 나을 때까지 재우는 거죠. 폭행 당하고 쓰러져서 중풍에 걸린 여자도 우리 집에서 몇 달 지냈어요."

우먼포우먼 방은 보증금 1000만 원에 월세 60만 원이다. 난방비까지 하면 한 달에 80만 원 정도 지출해야 하는데 매달 이 돈을 만드는 것도 쉽지 않다. 럭스미 씨에 따르면 새길교회와 나마스테 코리아 같은 단체의 도움으로 겨우 버티고 있다. 쌀은 조계사 같은 큰 절에서 가끔 보내지만 부식은 쉼터에 들어온 여성들이 직접 구입한다.

네팔인의 눈으로 본 한국 공무원

럭스미 씨는 우먼포우먼의 정착을 위해 여러 곳에 도움을 청했다. 70개의 네팔 공동체 대표들에게 한 달에 5천 원씩 내자고 제안했으나 알았다는 문자만 오고 돈은 들어오지 않는다고 했다. 네팔 대사관에도 여러 루트로 지원을 호소했으나 여의치 않았다.

이와 관련하여 네팔 대사관 측은 원칙적인 답변으로 일관했다. 관심을 갖고 있으나 직접 관여하기는 어렵다는 얘기다.

"우먼포우먼은 네팔 이주 여성들에게 매우 유용한 장소입니다. 대사관은 우먼포우먼을 도와줄 수 있는 다른 기관들을 안내해

줍니다. 그러나 대사관에서 직접 자금을 제공하지는 않습니다. 대사관에 할당된 국비를 사용하기 위해서는 매우 복잡한 서류 작업이 필요합니다. 한국 법 절차에 따라 쉼터를 돕는 것이 네팔 대사관 측에서 돕는 것보다 더 쉬울 것입니다."

네팔 대사관의 대응은 전형적인 외교관 스타일이다. 네팔 노동자들의 산업재해에 대해서도 중립적 기조를 그대로 유지한다.

"대사관 측에서 산업재해와 관련한 고용주·친구·경찰들을 일일이 만나는 것은 어렵습니다. 최근에는 대부분의 노동자들이 고용허가제로 한국에 와서 일하기 때문에 한국 법에 따라 도움을 받는 게 예전보다 쉽습니다. 대사관은 네팔 이주 노동자들의 권리를 보호해야 할 의무가 있습니다. 그렇지만 대사관 입장에서 노동자의 말만 전적으로 들을 수는 없습니다. 얼마 전 네팔 이주 노동자와 고용자가 대사관에 와서 협상을 중재한 일이 있습니다."

대사관 측에 따르면 네팔 노동자들의 피해 사례는 요즘도 많다. 외교 관계 때문에 직접 개입하지 않으나 경찰, 출입국관리소, 지자체 등에 협조를 구한다고 했다. 그러나 한국 정부의 대응이 적극적이지 않아 고민이라고 했다. 어떤 경우엔 대사관도 모르게 일처리가 다 끝난다고 했다.

"카트만두에서 한국으로 온 한 네팔인이 출입국관리소에서 폭행을 당하고 곧바로 국제경찰에 넘겨졌는데, 나중에 알아보니까 출입국 직원이 여권 정보를 제대로 확인하지 않아 벌어진 일이었습니다. 동명의 범죄자를 그 사람으로 오해했던 겁니다. 그런데 한국 정부는 이 네팔인을 국제경찰로 넘기는 과정에서 대사관 측에 통지조차 하지 않았습니다."

대사관 관계자는 한국 공무원들이 이주 노동자를 대하는 태도에 대해서도 지적했다. 상대적으로 경제력이 약한 국가 출신일수록 함부로 하는 경향이 있다는 것이다.

"외국인들을 강압적으로 대하는 공무원들이 있습니다. 네팔은 한국과 다른 문화를 가지고 있기 때문에 그런 태도는 네팔인들을 매우 불안하게 합니다. 네팔 사람이 서류를 직원에게 보여 주기만 하면 되는데도 너무 당황하고 떨려서 그 서류조차 꺼내지 못하는 겁니다."

동대문 지역 이주민들을 담당하는 한국 행정기관은 종로구청, 창신동주민센터, 출입국사무소, 혜화경찰서 외사과 등이다. 형사 사건이 발생할 경우 경찰이 개입할 수도 있으나 실제 경찰이 현장에 출동하는 경우는 드물다. 동대문 지역을 오가는 이주 노동자 규모에 비해 사건 사고가 많지 않았다는 얘기다.

혜화경찰서 외사과 송지원 계장은 "출입국사무소에서는 미등록 노동자 소재 파악에 관심이 많지만 경찰은 신병 확보가 되지 않은 이상 직접 관여하지 않는다. 출입국사무소와 정보가 공유되지 않고, 또 경찰에서 주민센터에 거주 여부를 확인 요청해도 그쪽에서 개인 정보라는 이유로 제출하지 않기 때문에 조사할 수도 없는 상황"이라고 말했다.

혜화경찰서가 접수하는 이주민 관련 신고는 크게 두 가지다. 하

\-

네팔 여성 쉼터 우먼포우먼.
새로운 일자리를 찾을 때까지 잠시라도 머물 수 있는 공간이 있어 다행이다.

나는 국제결혼 가정의 치정 사건이고, 다른 하나는 취업 제한 관련 규정 위반 건이다. 모두 이해 관계자 의견이 중요한 유형이라 신중하게 접근한다고 했다. 이따금씩 불법 근로자를 왜 잡아가지 않느냐는 민원이 제기되지만 인권침해 논란 때문에 노동 문제에 가급적 관여하지 않는 게 경찰의 원칙이라고 말했다.

다만 폭행 사건의 경우 경찰은 신속히 개입하고 있다. 다문화 가정 아동에 대한 학교 폭력 사건, 외국인에 대한 모욕적 발언, 이주 여성에 대한 가정 폭력 등이 대표적인 유형이다. 송지원 계장은 "한국의 시부모들 중에는 아직도 자식을 소유로 보고, 외국인을 학대하는 경우가 있다"고 말했다. 혜화경찰서 외사과 직원은 계장 포함해 모두 4명이며, 주요 업무는 외사 정보, 외빈 보호, 대테러 작전이다. 이주민 관련 활동 비중은 크게 잡아도 전체의 3분의 1을 넘지 않는다.

네팔 이주민들의 본보기

동대문 거리와 식당에서 만난 네팔 노동자들에게 꿈이 무엇인지를 물었다. 그들의 대답 속에는 한국에서의 현실적 소망과 네팔로 돌아간 이후의 이상적 기대가 뒤섞였다. 그들이 들려준 이야기를 투박하게 추리면 안정적인 삶과 금의환향이다. 한국

이름 윤빈, 네팔 이름 라빈(47세)은 무일푼으로 시작해 꽤 덩치가 큰 봉제 공장을 운영하고 있다. 네팔 이주민들의 본보기로 꼽을 만하다.

라빈은 한국으로 귀화하면서 파평 윤씨인 아내의 성을 따라 한양 윤씨 1세가 되었다. 한양 윤씨와 파평 윤씨가 결혼했으니 동성동본은 아니지만 흔치 않은 혼맥이다. 두 사람 사이에서 낳은 딸은 파평 윤씨로 호적에 올렸다고 한다. 따라서 한양 윤씨는 1세만 있고 2세는 없다. 그가 시조이자 마지막 후손이다.

라빈은 1991년 한국에 왔다. 그는 네팔에서도 외진 시골에서 태어났는데 어머니는 아들의 생일을 기억하지 못했다. 어머니는 아들에게 그냥 '쥐띠'라고만 알려 주었다고 한다. 라빈은 한국에서 자리를 잡은 뒤 네팔 행정기관을 직접 찾아가 생일을 알아보았는데, 거기 적힌 날짜도 애매모호했다. 그저 1972년에 태어난 것을 확인했을 뿐이다.

라빈은 김포공항에서 내리자마자 이태원으로 가서 일자리를 찾았다. 그런데 어느 날 밤에 갑자기 봉고차에 타라고 했다. 그 차는 한참을 달려 산속으로 들어갔다. 다음날 아침 일어나 보니 그곳은 방수 텐트를 만드는 공장이었는데 주변에 사람은 없고 닭과 돼지만 보였다. 고용인은 여권을 압수했고 공장 문을 밖에서 잠갔다. 왜 이러느냐고 항의하면 주먹부터 날아왔다.

라빈은 아침 8시부터 밤 10시까지 일했다. 일이 끝난 뒤 바람을 쐬려고 바깥으로 나오면 지키고 있던 사람이 힘으로 막았다.

어떤 날은 사무실에서 엎드리게 하고 발로 걷어차기도 했다. 몇몇 노동자들이 견디다 못해 사장을 죽이고 도망치자는 말까지 했으나 나이 많은 형이 겨우 말렸다. 그들은 감옥이나 다름없는 공장에서 날마다 소주를 마셨고 그 후유증으로 오랫동안 고생했다.

"저도 몽골족 계통이라 성격이 급해 쉽게 다투거든요. 1년쯤 버티다 내가 죽든가 사장이 죽든가 한번 붙어 보려고 했어요. 그렇게 죽기 살기로 대드니까 나가라고 하더라고요."

라빈은 이렇게 사느니 네팔로 돌아가는 게 낫겠다고 생각했다. 그래서 왔던 길을 되돌아 김포공항으로 가다 마지막으로 고향 친구에게 전화를 걸었다. 그 친구가 라빈의 인생을 바꾸었다. 친구는 도시와 시골은 다르다며 라빈을 설득했고, 라빈은 미등록 노동자가 되었다.

"바로 공장에 들어가지는 않았어요. 제가 노래를 좀 부르는 편이라 친구가 음반을 내보자고 권유하여 가수 준비를 했는데 노는 쪽으로 빠져 술 마시고 싸움도 하고…. 그러다 이건 아니다 싶어 기술이라도 배우자는 생각으로 봉제 공장에 들어갔어요. 거기서 아내를 만났지요."

당시 라빈의 꿈은 네팔로 돌아가 봉제 공장을 차리는 거였다. 그런데 재단 일이 막 손에 익을 무렵 단속에 걸려 강제 출국을 당했다. 그때가 아내와 막 사귀기 시작할 무렵이었다. 네팔까지 따라온 아내와 같이 살다가 결혼식을 올리고 다시 함께 한국으로 돌아왔다. 두 사람은 그때까지 모은 돈으로 봉제 공장을 차렸고 성실하게 일하여 최악의 불황에도 버틸 수 있는 수준에 이르렀다.

"손해도 많이 봤어요. 재단하는 일과 영업은 또 다르더라고요. 백화점에 납품할 옷을 잘못 잘라서 수백만 원을 물어 주기도 했어요. 참 힘들었지만 그때 독립을 해서 이나마 버틸 수 있었어요. 애들 엄마 아니었으면 불가능한 일이었습니다. 아내가 저를 사장으로 만들었어요. 아내가 아니었으면 저는 지금 감방에 있을지도 몰라요."

사장님의 고충, 아버지의 고민

라빈은 노동자로 출발한 사장이다. 그는 직원이 늘어났지만 업무 보조자처럼 오랫동안 일했다. 사장이 열심히 일하니 노동자들도 열심히 일하는 공장이 되었다. 장사가 잘될 때는 하루 12시간을 기본으로 했다. 말하자면 그는 동대문시장이 호황을 누리던 시절 부수적인 효과를 톡톡히 보았다. 그는 일한 만큼 대가는 확실히 챙겨 주었다고 했다.

그러나 사장은 역시 사장이었다. 노동자로 일할 때는 알지 못했던 일들이 수시로 벌어졌다. 일이 없어도 월급은 나가야 하니 비용을 줄이는 방법을 짜낼 수밖에 없었다. 그사이 동대문에서 잘나가던 공장이 수도 없이 무너졌고 라빈도 아슬아슬한 위기를 여러 차례 넘겼다. 그는 배운 게 이것밖에 없어서 떠날 수가 없었다고 했다.

"경기가 좋지 않으면 어쩔 수 없이 직원을 줄여야죠. 그러다 일감이 늘어나면 집에서 혼자 일하는 사람에게 맡기죠. 예전엔 월급을 주었지만 지금은 작업량에 따라 객공료를 지급합니다."

라빈의 성공 스토리는 네팔 공동체에서도 화제다. 실제로 한국에 들어와 사업을 구상하는 사람들이 가끔 라빈을 찾아와 조언을 듣는다. 그럴 때마다 라빈은 가수가 되겠다며 노래방에서 죽치고 있던 청년 시절을 떠올린다. 그래서 "부모님이 가슴 아프지 않도록 열심히 살라"는 말을 꼭 그들에게 전한다. 그가 봉제 공장에 일자리를 구해 준 사람도 여럿이 된다.

라빈은 한국에서 잘 적응할 수 있었던 요인으로 낙천적인 성격을 꼽았다. 그는 큰 손해를 보더라도 다음에 잘하자는 마음을 가지면 빨리 회복할 수 있다고 믿는다. 그래서 웬만한 일엔 화를 내지 않고 스트레스도 받지 않는다. 그러나 7년 전 아버지가 돌아가셨을 때는 난생처음 서럽게 울었다. 병환 소식을 듣고도 가보지 못한 게 오래도록 상처로 남았다.

"이러다가 어머님도 돌아가시면 어쩌나 그런 생각이 드니까 되도록 자주 찾아뵙게 되더라고요. 공장이 아무리 바빠도 아내와 번갈아 찾아뵈려고 합니다. 이번 겨울엔 아내가 아이들을 데리고 네팔로 가고 제가 공장을 지키기로 했어요."

라빈의 소원은 조국 네팔이 남부럽지 않게 잘사는 것이다. 자신이 비록 귀화했지만 네팔에서 좋지 않은 뉴스가 들려오면 마음이 아프다고 했다. 네팔을 처음 떠나던 때, 그리고 강제 출국을 당해 네팔에 체류하던 시절, 그는 후진적인 행정과 부당한 뒷거래를 견디지 못했다. 사실 그것이 네팔로 돌아가지 않은 중요한 이유이기도 했다.

"네팔에서 우리가 그렇게 못살았던 건 아니에요. 그런데 한국에 와서 보니까 우린 뭐가 잘사는 건지 그 자체를 몰랐던 거예요. 바깥에서 봐야 안이 잘 보이더라고요. 그래서 요즘 우리 아이들에게 나중에 봉사 활동을 하게 되면 꼭 네팔로 갔으면 좋겠다고 말해요. 내가 느꼈던 거를 우리 아이들도 함께 느낄 수 있으면 좋을 것 같아서요."

8장

에필로그

부디!

Khanuhos

(카누호스)

믿거나 말거나,
찬드라의 경우

국가인권위원회가 2003년 기획한 옴니버스 인권 영화 〈여섯 개의 시선〉의 에필로그는 네팔 이주민을 다룬다. 박찬욱 감독이 연출한 〈믿거나 말거나, 찬드라의 경우〉가 그것이다. 이 작품은 실제 사건을 소재로 한 것이어서 한국 사회의 이주민 차별을 사실적으로 드러내는 계기가 되었다.

공장 기숙사에서 동료와 다투고 뛰쳐나온 네팔 여성 노동자 '찬드라 쿠마리 구룽'은 분식점에서 무전취식으로 신고돼 경찰 조사를 받는다. 한국말이 서툰 찬드라는 공장에 돈이 있다고 더듬더듬 말하지만, 경찰은 그의 말을 알아듣지 못해 정신병원으로 보낸다. 정신과 의사의 진단명은 정신지체에 우울증이다.

찬드라는 6년 넘게 정신과 치료를 받는다. 병원 관계자들은 격리 강박과 강제 투약으로 그녀의 인권을 침해한다. 혹시나 싶어 네팔 영사관에 연락해 보지만 그곳에도 네팔어를 구사하는 사람이 없다. 출입국사무소에도 문의하지만 영문 철자가 틀리다며 신원을 확인받지 못한다. 만일 그때 여권번호만 찍어 보았더라도 찬드라의 '감금' 생활은 훨씬 일찍 끝날 수 있었을 것이다.

찬드라는 한국 정부를 상대로 국가배상 소송을 진행해 승소한다. 아시아인권문화연대 대표로 일하는 이란주 씨는 배상금을 전달하기 위해 네팔로 간 기억을 르포집 『아빠, 제발 잡히지 마』에서 생생하게 풀어놓는다. 당시 네팔은 내전으로 혼란 상황이었고, 한국에서 돈이 왔다는 소문은 신변을 위협할 만한 사안이었다. 두 사람은 비밀 작전 요원처럼 공항에서 조용히 만나 뜨겁게 포옹한다.

찬드라의 삶을 그린 다큐멘터리의 영문 제목은 'Never Ending Peace And Love'로 머리글자만 모으면 'NEPAL'이다. 찬드라는 영화의 첫 장면에 흑백톤으로 등장하지만, 마지막엔 히말라야의 만년설을 배경으로 춤을 추며 카메라 앞으로 걸어온다. "다시 돌아간 네팔에서 행복하십니까?" 영화는 그 후로도 한국 사회를 향해 질문을 던진다.

네팔로 돌아간 사람들

버지라 라이(45세)는 2003년부터 12년간 한국에서 살았다. 처음 일했던 곳이 창신동 봉제 공장이다 보니 동대문에 관한 추억이 남다르다. "눈만 뜨면 먹고 일했다"고 한다. 일밖에 모르고 지낸 시간이었음에도 그는 "꼭 한 번 다시 둘러보고 싶은 마음"이라고 말했다.

그는 한국에서 이주 노조 설립 운동에 열심이었다. 그래서 2015년 6월 '미등록 외국인 노동자도 노동조합에 가입할 수 있다'는 대법원 상고심 판결이 누구보다 반가웠다. 이주 노조 운동을 시작한 사람으로서 결실을 본 듯하여 뿌듯하다고 했다. 그는 "한국이 선진국 수준에 맞춰 고용허가제의 문제점을 개선하고 이주 노동자의 기본적 권리를 확대해야 한다"고 말했다.

버지라 라이는 지금 네팔에서 관광 가이드 겸 한국어 학원 강사로 일한다. 그를 찾아오는 사람들은 대부분 한국으로 가서 큰 돈을 벌고 싶은 청년이라고 했다. 그는 이 젊은이들에게 한국의 장단점을 보고 느낀 대로 말해 준다. 생각보다 힘들 수 있다는 말을 빼먹지 않고 해주고 있다.

선집(36세)은 2004년 한국에 들어와 3년간 고용허가제로 일했고 그 뒤로 3년간 미등록으로 지냈다. 처음엔 성수동에서 살다가 네팔 타운에 반해 창신동으로 이사했다. 그가 창신동으로 옮겨

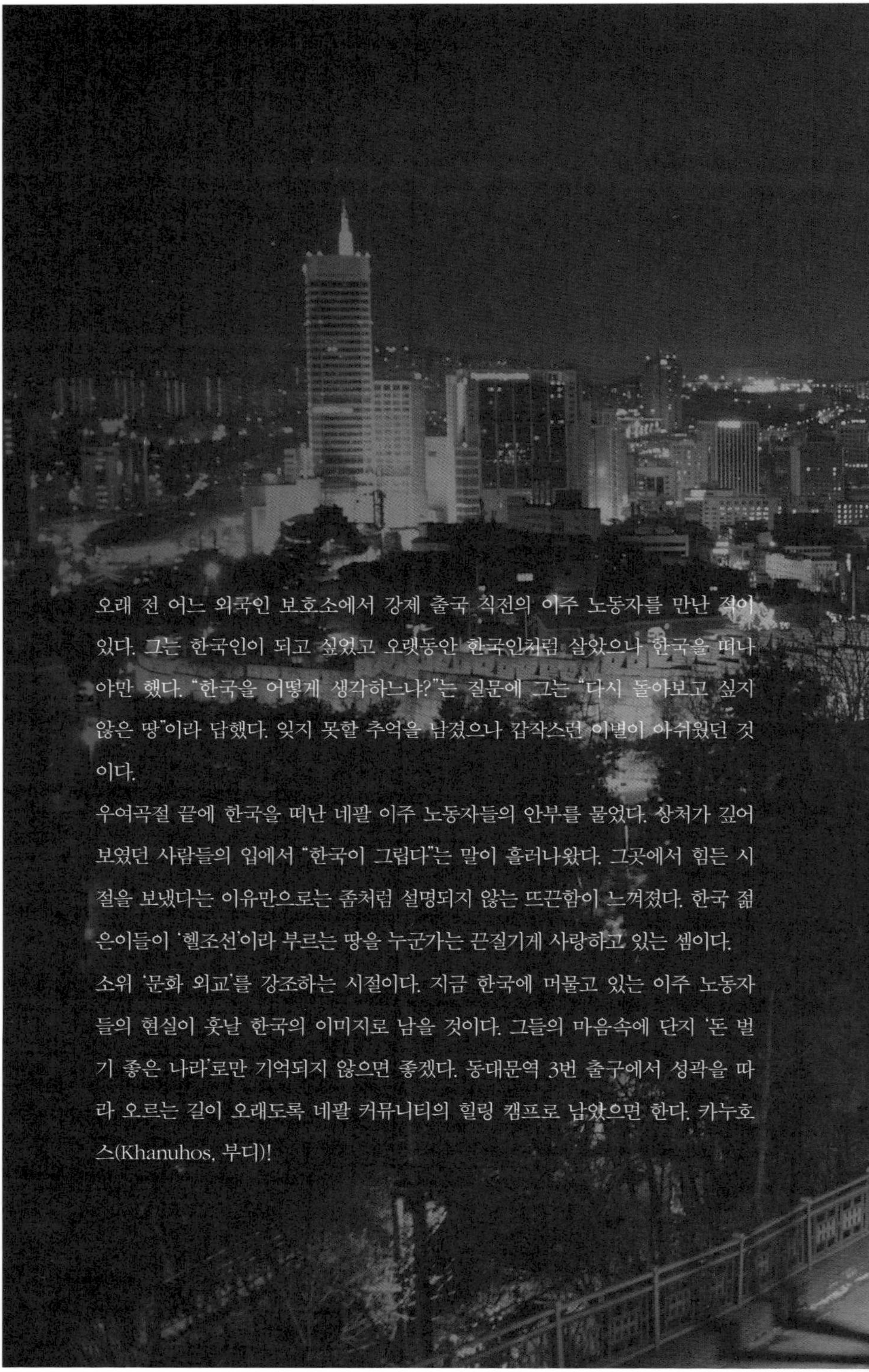

오래 전 어느 외국인 보호소에서 강제 출국 직전의 이주 노동자를 만난 적이 있다. 그는 한국인이 되고 싶었고 오랫동안 한국인처럼 살았으나 한국을 떠나야만 했다. "한국을 어떻게 생각하느냐?"는 질문에 그는 "다시 돌아보고 싶지 않은 땅"이라 답했다. 잊지 못할 추억을 남겼으나 갑작스런 이별이 아쉬웠던 것이다.

우여곡절 끝에 한국을 떠난 네팔 이주 노동자들의 안부를 물었다. 상처가 깊어 보였던 사람들의 입에서 "한국이 그립다"는 말이 흘러나왔다. 그곳에서 힘든 시절을 보냈다는 이유만으로는 좀처럼 설명되지 않는 뜨끈함이 느껴졌다. 한국 젊은이들이 '헬조선'이라 부르는 땅을 누군가는 끈질기게 사랑하고 있는 셈이다.

소위 '문화 외교'를 강조하는 시절이다. 지금 한국에 머물고 있는 이주 노동자들의 현실이 훗날 한국의 이미지로 남을 것이다. 그들의 마음속에 단지 '돈 벌기 좋은 나라'로만 기억되지 않으면 좋겠다. 동대문역 3번 출구에서 성곽을 따라 오르는 길이 오래도록 네팔 커뮤니티의 힐링 캠프로 남았으면 한다. 카누호스(Khanuhos, 부디)!

올 무렵엔 미등록 단속이 심해서 자고 나면 강제 추방 소식이 들려왔다. 그때 단속을 피해 숨어 지내는 노동자들을 네팔 공동체가 품고 보살폈다. 그는 힘들 때 친구들과 서로 도우면서 지낸 따뜻함을 잊지 못한다고 말했다.

"내가 걸었던 그 자리에 다시 가보고 싶네요. 낙산 성벽을 걸으면서 서울의 밤을 보았어요. 그때 함께한 사람들은 대부분 네팔로 들어오고 몇 사람 남지 않았지만 다시 그 모습이 보고 싶어서 비자 신청을 했는데 나오지 않네요. 언젠가 갈 수 있는 날이 오겠지요."

선집은 지금 네팔에서 여행사를 운영하며 이주 노동 활동을 지원한다. 외국으로 나가는 노동자들에게는 긴급한 문제가 생겼을 경우 대처하는 요령을 가르친다. 네팔 내부의 아동 노동 문제에도 개입해 미취학 어린이들을 학교에 보내는 캠페인을 벌이고 있다. 네팔을 떠나는 사람이건 한국에서 돌아오는 사람이건, 선집은 그들과 만났을 때 가장 먼저 동대문 소식부터 묻는다. 그곳에 묻어둔 추억이 그의 화양연화가 되었다.

포용도시 담론의 의미

동대문이 네팔인들의 거점으로 등장한 지 10여 년이

지났다. 그사이 많은 사람이 떠나고 새로운 사람이 몰려왔다. 또 하나의 변화는 동대문 바깥에 작은 네팔 타운이 여럿 생긴 점이다. 지역별 공동체를 중심으로 저마다 다른 색깔을 띠고 있지만 동대문의 상징성은 여전히 확고하다.

그러나 아직까지 어느 곳에서도 네팔인들은 도시의 주체로 부상하지 못했다. 네팔보다 구성원이 훨씬 많고 결속력까지 강한 이주민 공동체조차 지역의 지위 측면에서 보자면 마이너리티의 한계가 명확하다. 실례로 중국 동포들은 다 죽었던 서울 영등포구 대림시장에 활기를 불어넣었음에도 막상 땅값이 상승하자 떠나야 하는 운명이다. 창신동 지역도 이주민 유입 등으로 용케 불황을 견뎠으나 향후 개발 열풍이 분다면 가장 먼저 그들이 쫓겨날 가능성이 높다.

이 지점에서 진지하게 검토할 주제가 '포용도시Inclusive City'이다. 유엔 해비타트UN Habitat에서 제시하는 포용도시 개념은 "모든 사람이 재산, 성별, 연령, 인종, 종교 등에 상관없이 도시 기획에 생산적이고 긍정적으로 참여할 수 있는 장소"로 요약된다. 이주민의 관점에서 해석하자면 사회적 약자의 의사 결정 참여를 강화하는 과정으로 볼 수 있다.

김종익 서울특별시 도시재생센터장은 포용도시를 크게 4가지 관점에서 해석한다. 경제, 물리적 조건, 환경, 사회 문화 등이 그것이다. 쉽게 말하면 도시를 관리적 차원이 아닌 사회 통합적 관점에서 바라보자는 발상의 전환이다. 즉 과거의 도시가 생산성 향상에 치중했다면, 미래의 도시는 서비스를 공정하게 누릴 수 있는 방향으로 나아가야 한다는 주장이다. 이런 논지에서 보자면 1960년대 프랑스 철학자 앙리 르페브르Henri Lefebvre가 주창한 '도시에 대한 권리The Right to the City'가 시대의 화두로 떠오른다.

서울특별시 도시재생센터는 8개의 도시재생 활성화 계획을 추진하고 있는데, 그 중 3개 지역이 이주민 공동체와 밀접하게 관련돼 있다. 서울시가 향후 도시재생을 추진하면서 포용도시 개념을 적극 활용한다면 대표적 마이너리티에 속하는 이주민의 인권 보호를 고려하지 않을 수 없을 것이다.

한국 사회의 특성을 감안할 때 포용도시가 뿌리를 내리기 위해서는 이주민 당사자의 자발성이 중요하다. 이주민을 배제한 포용도시가 불가하듯이 이주민의 능동적 개방도 절실하다. 서울 서남권 글로벌센터 김동훈 센터장은 "동대문의 경우 한국인들과 함께하는 행사를 찾아보기 힘들다. 네팔 축제에 골목 상인과 동네 노인을 초청한다면 한결 분위기가 좋아질 것"이라고 말했다.

창신동의 밤

2017년 1월 28일, 토요일이자 설날 저녁이다. 추석 때와 마찬가지로 창신동 거리는 네팔인들로 들썩거렸다. 지하철

1호선 동대문역 3번 출구는 오후 내내 만나고 떠나는 인파로 붐볐다. 쌀쌀한 날씨 탓인지 지하철역 안쪽까지 사람들이 몰렸다. 대한민국 보물 제1호 흥인문 앞 잔디밭은 이번에도 네팔 이주민들의 차지였다.

추석 명절 당시 3번 출구 앞에서 네팔 만두 '모모'를 팔던 네팔인 C는 보이지 않았다. 그가 네팔로 돌아가자 포장마차도 고무 밧줄에 묶인 채 휴일 내내 멈춰 서 있다. 온기가 사라진 좌판 위엔 네팔 연예인 공연과 댄스파티를 알리는 포스터들이 수북이 쌓였다. 네팔인 C가 기획했던 뉴천지호텔 댄스파티는 한층 세련된 디자인을 갖춘 유인물로 행인들의 시선을 끌었다.

3번 출구 바로 옆 골목엔 새로운 네팔 상점이 들어섰다. 뿌자 식당 주인 나민경 씨가 자신의 네팔 이름을 따서 '럭스미 마트'를 열었다. 그는 "한국인들에게 네팔 문화를 알리는 카페를 만들고 싶다"고 했다. 하지만 장소가 비좁다 보니 다른 네팔 상점과 큰 차이가 없었다. 점포 구석에서 은행 직원 2명이 네팔 노동자들에게 계좌를 만들어 주고 있었다.

뿌자 식당에서는 한바탕 춤판이 벌어졌다. 네팔 문화인 '도호리 Dohori'로 최근 동대문에서 유행하기 시작했다. 반주에 맞춰 함께 노래하며 대화를 이어 가는 일종의 메들리다. 전북 익산에서 일하는 노동자들은 신나게 놀아 보기 위해 단체로 동대문에 왔다고 했다. 흥겹게 춤을 추던 청년이 도호리는 동대문에서 하는 게 더 즐겁다고 말했다. 네팔 이주민들에겐 동대문이 대중문화의 첨

–

동대문역 3번 출구.
네팔 사람들이 생계를 꾸려 가는 삶의 터전이자
고향 사람을 만나 회포를 푸는 '네팔 타운'의 시작.

단을 달리는 곳인 셈이다.

다른 식당에선 도호리보다 진화한 '주와리Juwari'가 한창이었다. 형식은 도호리와 유사하나 노래로만 화답하는 게임이다. 게임에서 패한 사람은 상대가 원하는 것을 들어주거나 상대방의 집에 가야 한다고 했다. 식당 전면 대형 벽걸이 TV에 네팔 대중가요 반주가 흐르자 물담배를 돌려 피우던 노동자들이 일제히 자리에서 일어나 주와리에 동참했다.

창신동 거리에 밤이 깊었다. 골목 시장의 식당은 늦은 밤까지 문을 열고 도시에서 명절을 보내는 사람들에게 밥과 술을 팔았다. 불황의 여파는 재래시장 밑바닥까지 차곡차곡 스미어 가게 주인들마다 자신의 처지가 '아슬아슬한 밑바닥'이라며 한숨을 내쉬었다. 서울 도심 곳곳에 네팔 식당 체인점을 늘려 가던 성공한 사업가 민수 씨조차 최근 일부 점포를 정리하고 장기 불황에 대비하기 시작했다.

창신동 명소인 낙산 성곽길에 삼삼오오 네팔인들이 보였다. 남산타워부터 동대문 쇼핑타운까지 훤히 드러난 서울 야경이 고즈넉한 성벽과 대비를 이루었다. 동대문에 살았거나 현재 살고 있는 이주 노동자들은 이 길을 걸으면서 피로를 풀고 외로움을 달랬다고 했다. 이제 날이 밝으면 그들은 제각각 일터를 찾아 떠날 것이다. 바다로 가는 연어들처럼 어딘가에서 저마다의 새로운 귀향을 준비할 것이다.

참고문헌 및 자료

- 국가인권위원회, 2003, 여섯 개의 시선: 인권영화 학습 자료안.
- 국가인권위원회, 2010, 이주 노동자권리협약 쟁점 토론회 자료집.
- 국가인권위원회, 2011, 이주 인권가이드라인.
- 국가인권위원회, 2013, 농축산업 이주 노동자 인권상황 실태조사.
- 반들로스, 조 외, 2009, 『네팔』, 이동진 등 옮김, 안그라픽스.
- 박범신, 2005, 『나마스테』, 한겨레신문사.
- 박인권, 2016, 포용도시와 UN-Habitat Ⅲ 회의 자료.
- 서울역사박물관, 2011, 『창신동, 공간과 일상』.
- 이란주, 2009, 『아빠, 제발 잡히지 마』, 삶창(삶이보이는창).
- 이병렬 외, 2008, 미등록이주자 단속과 외국인 보호시설 방문조사, 국가인권위원회.
- 이소영, 2012, 『히말라야 환상여행: 너머스떼 네팔』, 한솔수북.

● 전영평 외, 2010, 『한국의 소수자 정책』, 서울대학교출판문화원.

● Seo, S. and Tracey, S., 2017, Regulatory Migration Regimes and the Production of Space : The Case of Nepalese Workers in South Korea, Geoforum, 78, pp.159-168.

● "2016 서울 속 외국인⑤ 일자리 줄며 반쪽 된 창신동 '네팔 타운'…예전만 못해도 여전히 '삶의 터전'", 조선비즈, 2016.04.26.

● "고용허가제가 나쁜 사장 만들어요: 와이드인터뷰-합법화 1년 우다야 라이 서울경기인천이주노조위원장", 매일노동뉴스, 2016.06.27.

● "국내여행, 세상의 모든 동네 창신동 꿰매기", 서울신문, 2015.06.09.

● "국적법 합헌 결정에 대한 논평", 천주교인권위원회 등, 대법원 제2부 판결문(사건번호 2013도12431), 2016.08.02.

● "〈네팔 지진〉 '조국을 돕자' … 네팔 이주민들 한마음", 연합뉴스, 2015.04.27.

● "네팔인 1000명, 추석 날 창신동에 모인 이유는", 한국일보, 2016.09.15.

● "동대문 시장의 어머니, 창신동 봉제골목 속으로", 노컷뉴스, 2013.06.11.

● "문을 열고 들어가는 시장", 한겨레21, 678호, 2007.09.20.

● "백남준 기념관 등 '문화 옷' 입는 서울 창신동", 경향신문, 2016.07.20.

● "외국인 없인 공장 닫을 판 … 생산인구 감소 대비 이민정책을", 한겨레, 2016.11.28.

● "인종차별 호들갑 … 외국인 혐오증 부추긴 게 누군데", 미디어오늘, 2012.04.19.

● "자영업 21퍼센트, 한 달 100만 원도 못 번다", 한겨레, 2016.12.23.

인터뷰에 응해 주신

나민경, 덤벌 수바, 디라즈 라이, 민수, 우다야 라이, K 외

여러 네팔 이주 노동자들께 감사의 마음을 전합니다.

마이너리티 리포트 ★ 04

동대문 네팔 타운의 희로애락

지은이 육성철

초판 1쇄 발행 2018년 9월 17일
초판 2쇄 발행 2020년 12월 28일

펴낸이 서왕진
펴낸곳 서울연구원
편집 전말숙, 송도숙
디자인 박진범
사진 조우혜

주소 서울시 서초구 남부순환로 340길 57
전화 02-2149-1234
팩스 02-2149-1019
홈페이지 www.si.re.kr

ISBN 979-11-5700-309-9 04300 (세트)979-11-5700-211-5